Græca. Thessalus fuit de sorte Cir. in Cæton.
majore. Tui de an Solinus tanta di memoria
fuit, quod cum Persis legatus esset, Romam
missus: postero die quam Ingressus Romam
fuisset, et equestrem ordinem et Senatum propriis
nominibus salutauit: fuit vir doctus et sapiens, qui
de re medulari, sicut et pythagus, libros scripsit
usq. Hubert. communal. in Epl. 25. Epian facm.
Consum.

LE
NOVVEAV
CYNEE

OV
DISCOVRS D'ESTAT

REPRESENTANT LES
*occasions & moyens d'establir vne paix
generalle, & la liberté du commerce par
tout le monde.*

AVX MONARQVES ET
Princes souuerains de ce temps.

Em.   Cr.   Par.

A PARIS,

Chez IACQVES VILLERY, au Palais
sur le perron Royal.

M. DC. XXIII.
AVEC PRIVILEGE DV ROY.

PREFACE.

E liure feroit volontiers le tour de la terre habitable, afin d'estre veu de tous les Roys, & ne craindroit point aucune disgrace, ayant la verité pour escorte, & le merite de son subiect, qui luy doit seruir de lettres de recommandation & de creance. L'Autheur ne ressemble pas à l'ingenieur Dinocrate, qui auoit de beaux desseins, & releuez, mais inutiles. Il porte les vœux & desirs des gens de bien, il presente vn aduis salutaire, dont l'execution depend de ceux qui tiennent le ressort des affaires du monde. Il ne taxe personne : il flatte

encore moins, & on ne peut dire qu'il
se soit fouruoyé du chemin de la verité,
pour l'amour de son pays ou de sa religion, bien que ces deux characteres soiēt
tellement grauez dans son ame, que la
mort mesmes n'est pas capable de les
effacer. Son but n'est pas de decider les
controuerses, ny de faire vn Panegyri-
que ou inuectiue. Il laisse ces discours
aux Theologiens & orateurs, & toutesfois desireroit qu'ils employassent
leur eloquence & plume doree en ceste
matiere si noble & importante. Plusieurs triomphent d'expliquer les myste-
res de la religion, & de les prouuer
contre les mescreans par authoritez ir-
reprochables. Cela est bon : mais il faut
auant toute chose desraciner le vice le
plus commun & qui est la source de
tous les autres, à sçauoir l'inhumanité.
Car l'heresie ne se trouue pas en tout âge
ny en toutes nations. L'atheisme est encore plus rare, & n'y a hōme si brutal

ou opiniaſtre qui regardant le ciel ne ſoit
côtrainct de côfeſſer vne diuinité. Nous
voyons vne infinité d'hommes, qui ne
s'eſtiment obligez de croire ſinon ce que
la raiſon leur monſtre, par le moyen de
laquelle ils recognoiſſent bien vn Dieu,
mais ils ne peuuent conſentir aux autres articles de la foy, pource qu'ils n'en
ſont eſclaircis par ceſte lumiere naturelle
laquelle doibt regler, diſent-ils, toutes
perſuaſions, & opinions, non pas y eſtre
aſſubiectie. Neantmoins ils n'oſeroient
ſe deſcouurir & s'accommodent exte-
rieurement à la creance & couſtume de
leur pays, de peur d'eſtre deſcriez côme
atheiſtes, encore que veritablement ils
ne le ſoient pas, & ſeroit plus à propos
de les nommer incredules, dautant
qu'ils ne ſuiuent que la raiſon, & meſ-
priſent la foy theologale comme ſi c'e-
ſtoit vne vertu imaginaire. Le nombre
de telles gens s'augmente tous les iours.
Car on ne croit plus ayſement aux eſ-

crits ny aux paroles, & pluſieurs re-
çoiuent des propoſitions pour indubita-
bles en leur icuneſſe, qui leur ſont par
apres fort ſuſpectes, quand ils viennent
à faire vne reflexion en eux meſmes,
& à conſiderer l'oracle du Royal Pro-
phete : que tout homme eſt ſuict
à mentir. C'eſt pourquoy les plus re-
nommeʒ predicateurs voyans qu'vne
doctrine ſi eſloignee du ſens commun à
peu d'effect pour eſmouuoir les eſprits
de noſtre temps, n'ont rien de plus re-
commandable en leurs exhortations,
que la direction des mœurs, attendu
que c'eſt vne belle diſpoſition à la pieté,
laquelle ſe loge plus facilement & demeure bien plus ferme en l'eſprit d'vn
homme de bien, qu'en celuy d'vn meſchant, qui ne croit en Dieu que par
boutade ou accouſtumance. Peut-on
autrement iuger d'vn mediſant, trom-
peur, & meurtrier ordinaire ? Eſt-il
vrayſemblable qu'ils croient vn enfer,

qu'ils ayent bonne opinion de l'immor-
talité de l'ame. Quelque mine qu'ils
fuſſent, ils ne le perſuaderont iamais:
au contraire ils donneront ſubiect aux
eſtrangers de reuoquer en doute le merite de leur creance. Les Tartares auoiẽt
reſolu d'embraſſer le Chriſtianiſme du
temps de ſainct Loys, mais ils en perdi-
rent l'enuie quad ils furent aduertis des
meſchancetez que commettoiẽt les chreſtiens. Sçauoir ſi leur cõſideration eſtoit
receuable, ou non, c'eſt vne queſtion que
ie n'entame point. Tant y a que la religion ne ſe peut bien entretenir que par
la preud'hommie & vertu morale, à laquelle il faut exhorter les grands & les
petits, les Roys & les peuples, ſans s'arreſter ſi longuement à ces diſputes ſcho-
laſtiques, qui font plus de bruit que de
fruict. Ie ſçay qu'il eſt beſoing de refuter
les hereſies, mais ie n'en trouue point de
plus grande, que l'erreur de ceux qui
mettent la ſouueraine gloire en l'iniuſti-

ce, & ne recognoiſſent rien de loüable
que les armes. Eſperons-nous de voir
aucun aduancement en la religion, ou
tranquillité en l'eſtat, tant que ceſte
damnable opinion ſera receuë: Et neātmoins on la laiſſe couler dans les eſprits,
on n'en parle non plus que ſi elle n'im-
portoit aucunement : au contraire il
ſemble qu'on l'approuue par vn ſilence
& conſentement tacite. Ce qui m'a oc-
caſionné de mettre au iour ceſt aduertiſſement & conſeil pacifique, que le Le-
cteur trouuera nouueau, s'il conſidere
la forme de ſon œconomie, & l'eſtenduë
de la matiere qu'il traicte. La paix eſt
vn ſubiect triuial, ie le confeſſe, mais
on ne la pourchaſſe qu'à demy. Quelques vns y exhortent les Princes Chreſtiens, afin que par leur vnion ils ſe fortifient contre leur ennemy commun: &
meſmes vn fameux perſonnage a monſtré les moyens d'exterminer les Turcs
dans quatre ans ou enuiron, & plu-

ſieurs autres belles conceptions qui
ſont fort ayſees à mettre par eſcrit.
Il y en a qui limitent encore plus leur
ſtile, ils donnent des inuentions pour
policer & enrichir leur pays, &
ſe ſoucient ſi peu des eſtrangers,
qu'ils eſtiment vne prudence politique de ſemer parmy eux des diuiſions, afin de iouyr d'vn repos plus
aſſeuré. Mais ie ſuis bien d'vn autre
aduis, & me ſemble quand on voit
bruſler ou tomber la maiſon de ſon voiſin qu'on a ſubiect de crainte, autant
que de compaſſion, veu que la ſocieté
humaine eſt vn corps, dont tous les membres ont vne ſympathie, de maniere
qu'il eſt impoſſible que les maladies de
l'vn ne ſe communiquent aux autres.
Or ce petit liure contient vne police
vniuerſelle, vtile indifferemment à
toutes nations, & aggreable à ceux qui
ont quelque lumiere de raiſon, &
ſentiment d'humanité. Quant aux

autres, ie preuoy qu'ils ne liront point
le present discours, ou qu'ils n'en tien-
dront compte, principalement ces ambitieux guerriers, qui nous appellent par
mespris gens de plume & d'escritoire,
& pour raualler nostre honneur, nous
chantent ceste vieille maxime. Qu'il
vaut mieux faire que dire. Ce que
ie leur accorde librement, pourueu que
les actions soient bonnes, & non bru-
tales. Vn temps a esté que i'eusse autrement respondu à ces faiseurs là. Maintenant qu'ils se contentent de ceste inter-
pretation. Ie n'escris point aux barbares & ignorans qui se scandaliZeront
de cest œuure. Les esprits trop deslieZ
n'y prendront point aussi de goust, & le
compareront peut-estre à la Republique de Platon qui ne fut iamais qu'en
l'Idee & imagination de son Autheur.
Toutesfois ceste comparaison ne seroit
pas propre, d'autant qu'on propose icy
vne chose non seulement possible, mais

auſſi de laquelle les anciens ont eu l'experience. Soubs l'Empire d'Auguſte
toutes les nations eſtoient pacifiees. Et
du regne de François premier on a veu
fleurir la paix quelques annees par toute l'Europe. Qui nous empeſche d'eſperer vn bien, dont les ſiecles paſſez ont
iouy? Ie croy qu'il n'y a rien ſi facile, que
ceſt affaire, ſi les Princes Chreſtiens le
veulent entreprendre, & notamment
noſtre Hercule François, Loys le
Iuſte, dont le ſurnom me donne bon
augure. Il ne faut donc point dire que
les propoſitions qui ſe font de la paix
vniuerſelle ſont Chimeriques & mal
fondees. Chacun iugera de ce liure ſelon
ſon plaiſir. I'eſpere qu'il trouuera
place dans le cabinet des grands, & que
les hommes iudicieux en feront eſtat,
malgré l'enuie.

PAr grace & Priuilege du Roy dóné à Paris le 26. Nouembre. 1621.
figné Hardy & fellé. Il eft permis à Iac-
ques Villery Libraire d'Imprimer vn
liure intitulé, *Le Nouueau Cynee*, & de-
fences à toutes perfonnes de le faire
imprimer fans le congé & confentement dudit Villery, par l'efpace de fix
ans entiers à compter du iour des prefentes comme plus amplement il eft
porté par ledit Priuilege.

LE NOVVEAV CYNEE: OV

DISCOVRS DES OCCASIONS ET MOYENS

d'establir vne paix generale, & la liberté du commerce par tout le monde.

Aux Monarques & Princes Souue-
rains de ce temps.

IE ne deuois pas addresser ce discours au vulgaire, qui ne vit qu'à patron, & n'a aucune reigle en ses actions : encore moins aux hommes violens, qui se mocquent de toute honnesteté, & ne font estat que de la force. C'est de vos grãdeurs

A

que ce petit liuret attend vn fauorable
accueil, c'eſt entre vos mains qu'il ſe
iette *Tres-hauts, Tres-puiſſans & Inuinci-*
bles Monarques. Ie croy certes que vos
maieſtez n'ont beſoing de nouueau
conſeil, & que Dieu vous ayant eſleué
à vn ſi haut degré d'honneur, vous en
a donné pareillement le merite. Mais
d'autant que les aduis prouenans d'vn
eſprit candide & non ſuſpect, ſont ordinairement bien receus, & qu'vne fortune quoy qu'elle ſoit grande eſt ſub-
iette à changement, i'ay penſé qu'il ne
ſeroit hors de ſaiſõ de vous repreſéter
auec toute humilité les moyens d'aſſeurer voſtre eſtat par l'eſtabliſſement
d'vne paix vniuerſelle. S'il ne s'agiſſoit
en cela de voſtre intereſt particulier,
celuy du public ſuffiroit pour vous exhorter d'auoir cõpaſſion du genre humain, qui d'vne voix commune vous
demande la paix, & vous coniure par la
conſideration de vous meſmes, d'arreſter le cours de ſes miſeres, & de mettre
fin aux abus que la fureur des armes à
cy deuant produict. Ceſte requeſte eſt
ciuile. Il eſt plus raiſonnable d'y auoir
eſgard, qu'aux paſſions deſreglees de

ces guerriers, qui à l'exemple des anciens Perses ne se figurent dans le tableau de leur esprit que des batailles & victoires, qui se parēt de la liuree d'vne malediction, & mettent la souueraine gloire en l'iniustice, & oppression des hommes. Ie ne m'amuseray point à declamer contre telles gens, dont le naturel est prodigieusement peruers. Il suffira de remarquer les causes de la guerre: on trouuera dequoy deplorer l'aueuglement de ceux qui exercent tāt de cruauté les vns contre les autres pour occasiōs si friuoles. Mais au prealable ie feray protestation de ne parler des tumultes & esmotions ciuiles, afin que les seditieux ne pensent pas trouuer vne Apologie pour maintenir leur reuolte, ny pretendre vne paix, dōt ils sont indignes s'ils ne recognoissent leur Souuerain, & s'ils ne renōcēt à leurs factions. Laissant donc à part ces mutineries dont nous parlerons en autre endroict, ie diray que les guerres estrangeres s'entreprennent pour l'hōneur, ou pour le proffit, ou pour reparation de quelque tort, ou bien pour l'exercice. On pourroit adiouster la

religion, si l'experience n'euft faiÉt cog-
noiftre qu'elle fert le plus fouuent de
pretexte. Ie ne fais point aufsi mentiõ
de la necefsité, laquelle a iadis con-
trainÉt plufieurs nations de fortir en
troupe de leur pays, & chercher par
force nouuelles demeures. De là viẽ-
nent tant de colonies mẽtionnees dãs
les hiftoires: mais auiourd'huy ces def-
bordemẽs de peuples font rares, tellement que nous ne pouuons recognoi-
ftre d'autres fins & caufes mouuantes
de la guerre finon les quatre cy defsus
fpecifiees, dont la premiere eft la plus
commune, & femble la plus legitime.
Car fi le defir d'honneur eft naturel à
vne ame genereufe, il eft bien feant
qu'elle le cherche dans l'exercice des
armes, puifque toute la gloire en depẽd
felon le iugement commũn, auquel ce
feroit folie de contreuenir. Tous les
peuples s'accordent en cela, & les couftumes tant anciennes que modernes
ont toufiours deferé aux foldats le priuilege de noblefse & de commandement, en forte que l'honneur des
autres eftats & perfeÉtions fe ter-
nit au luftre efclatant de la vertu

militaire. La pluſpart des Princes s'accommodant à c'eſt erreur ne priſe
riē que les armes. Ce mal n'eſt pas d'auiourd'huy. L'Empereur Seuere cōman-
doit à ſes enfans d'enrichir les ſoldats
& meſpriſer tout le reſte. Et le Roy
d'Albanie Pyrrhus interrogé à qui il
laiſſeroit ſon Royaume, A celuy, dit-
il, qui aura meilleure eſpee. Mais ces
paroles ſentent la barbarie & brutali-
té. Auſquelles nous pouuons oppoſer
l'authorité de ce braue Roy Lacede-
monien, qui eſtimoit plus la iuſtice
que la valeur, diſant que ceſte vertu
n'eſtoit aucunement neceſſaire quand
la raiſon & preud'hommie auoient
lieu. Et de fait quelle apparence y a-il
d'eſtimer tant vne choſe, qui ne ſe vā-
te ſinon de faire ce que les plus imbecilles animaux peuuent executer? Car
de nuire & tuer ceſt vne choſe facile.

Il ne faut pour c'eſt effect qu'vn petit aſpic, vne ſeule mouche. Ce qui deuroit ſuffire pour raualer l'arrogāce de
ces fendās qui ſe glorifient d'en auoir
tant tué és rencontres & batailles. C'eſt
honneur, diſent-ils, de ſupplanter ſon
ennemy. Et auons-nous d'autres en-

nemis que les beftes farouches? Il y a
vne amitié & parenté entre les hommes, fondee fur vne conformité de
naturel & de figure. Chacun garde
volontiers fon pourtraict, & prend
plaifir à la reprefentation de fes linea-
-mens infenfible: Neantmoins nous
n'efpargnons point nos viues images:
nous faifons trophee de ruiner nos sé-
blables, ce pendant que nous quittons
honteufement le champ de bataille
aux Lyons, Tygres, Loups, & Serpens,
nos ennemis naturels, que nous n'o-
fons attendre ny attaquer finon auec
artifice, à la facon de ceux qui fe fen-
tás trop foibles ont recours aux finef-
fes & fubtilitez pour furprendre leur
aduerfaire. Que fi ces animaux a-
uoient entr'eux quelque intelligence,
ils feroient baftans d'exterminer dans
peu de temps les hommes. L'autan a
autrefois depeuplé quelques regions
d'Afrique: vne multitude de ferpens a
ruiné vne ville, & l'importunité des rats
& grenouilles a chaffé certaines nations de leur pays. Que fçauons-nous fi
Dieu ne fe feruira point de tels inftru-
més pour punir encore nos iniquitez?

Vrayement il y a bien dequoy faire
parade de ſon eſpee, puis qu'il faut ſi
peu de choſe pour nous mettre à bas.
Nous auons grand ſubiect de nous
preualoir de noſtre force, puiſqu'en
icelle les beſtes ont ſur nous tant d'aduantage, que nous pouuons dire iuſte-
ment que c'eſt la moindre des perfections humaines, & par conſequent la
vaillance vulgaire qui n'a autre fondement ny appuy que la force ne merite pas grande loüange. Ie dis vaillance
vulgaire, afin de la diſtinguer de ceſte
magnanimité, qui conſiſte en vne fer-
meté de courage, & meſpris de toutes
aduerſitez. Ce ſont les effects de la
vraye vaillance, repouſſer l'iniure, &
nõ pas la faire: endurer genereuſemẽt
la mort & tous autres accidens quand
ils ſe preſentent, & non pas les aller
chercher, ſoubs l'eſpoir d'vne honneur ie ne ſcay quel, dont la vanité eſt
en fin recogneuë par ceux qui en ont
fait eſtat toute leur vie. Ne voyons
nous pas les regrets qu'ils ont en mou-
rant, de s'eſtre abandonnez au vent
d'vne folle opinion? Ils font alors de
belles remonſtrances accompagnees

d'vn repentir . I'en ay veu quelques
vns qui navrez d'vn coup mortel fai-
foient proteftation de prendre l'habit
religieux,&vacquer à la deuotiō le refte de leurs iours, au cas qu'ils reuinf-
fent en cóualefcence. Il eft vrayſëbla-
ble,que ceux qui meurēt aux combats
ont de ſëblables pēſees. La raiſó frape
à ſoftre porte à toute heure , & nous
fouffle inceſſámēt aux oreilles. Il n'eft
plus temps de la receuoir quand il faut
fortir de ce monde. Et en cecy nous
voyons les malheur des hommes qui
ne recognoiffent leur faute qu'en extremité, & ne fe rangent point à la raifon , finon lors quils ne peuuent plus
mal faire. L'opinion commune les me-
ne, l'accouftumance les reigle,& l'ambition les aueugle en telle forte, qu'ils
foulēt aux pieds tout refpect,ne fe fou-
cient de Dieu ny des hommes pourueu qu'ils facent parler d'eux. Mais ils
font aucunefois bien trompez. Car
au lieu de trouuer la reputation qu'ils
cherchēt& de mourir au lict d'hóneur,
ils tombent en vne honteuſe feruitude
& feruēt de ioüet à leurs ennemis. Re-
prefentons-nous la condition des pri-
fonniers de guerre, les affrons & moc-

queries qu'vn simple bourgeois ou manât de village ne voudroit endurer, & au bout de cela souuétefois vne corde, ou quelque autre mort pleine de tourment & ignominie. Neátmoins ce font les fruicts ordinaires de la guerre. Il n'y a Soldat, Gentilhomme, Capitaine, & chef d'armee qui ne foit fubiet à ces inconueniens. Les plus grāds Roys & Empereurs n'é sōt pas exépts. Valerian, Baudoüin, Tomābais, Baiazeth, Attabalippa, & autres qui finirēt miferablemēt leurs iours, ont laiffé vne belle leçon aux Princes, pour apprendre qu'il y a plus de deshōneur à craindre, que de gloire à efperer en la guerre. Car le mal vient plus fouuent que le bien : & fi on eftime folie de quitter le certain pour l'incertain, les Princes doibuent mefnager leur honneur, sás le mettre au hazard à l'appetit & fufcitation de ceux qui les nourriffent d'efperáce, & leur propofent ce qu'ils peuuent acquerir, & non pas ce qu'ils peuuent perdre. Ils leur tracent le plan des conqueftes futures, leur font veoir des arcs de triomphe, mais ils ne leur monftrent pas le ioug ignominieux

fous lequel ils fe mettent en danger de
paffer. Ils leur chantent cefte vieille
maxime *Que la monarchie eft vne belle*
fepulture, qu'elle vaut bien la peine qu'on fe
hazarde. Ce qui feroit bon à dire à des
particuliers ambitieux & defefperez,
qui voudroient s'aggrandir au peril de
leur vie. Mais les Princes qui ont defia
commandement & authorité toute acquife, ne doibuent point s'expofer à
l'inconftance de la fortune, qui fe ioüe
des plus grands,& trauerfe par accidés
inopinez les plus hautes enrreprifes.Et
maintenant les affaires du monde font
en tel eftat, qu'il n'y a fi petite Seigneurie,laquelle ne foit capable par le moyé
de fes alliáces de refifter au plus puiffant Roy de la terre. Vn fage Prince
doncques ne s'aheurtera point contre
l'eftat d'vn autre,de peur de brifer le
fien. Que fi l'ambition le porte à pro-
diguer fa vie, & celle de fes fubiects, à
tout le moins qu'il efpargne fon honneur,pour lequel il fe tourmente tant,
qu'il regarde la honte & le dommage
où fe precipitét ceux qui entreprennét
les guerres. Ils fe mettét à deux doigts
prés de leur ruine.Il ne faut qu'vn pe-

tit vent pour les pouſſer dans le gouf-
fre de miſeres: & lors qu'ils penſeront
eſtre en leur maiſon celeſte, au ſolſtice
de proſperité, vn reuers de fortune les
abbaiſſera tout à coup,& de ſouuerains
les rendra eſclaues. Les voila captifs,
enchaiſnez, & le bourreau en queuë.
Alors ils ſe voyent bien reculez de la
gloire qu'ils s'imaginoient, & ont tout
loiſir de regreter la felicité dõt ils pou-
uoiẽt paiſiblement ioüir, s'ils n'euſſent
eſté preocupez d'vne ambition deſ-
meſuree. Ce ne ſont point icy vaines
conceptions que nous enfantons. Les
hiſtoires teſmoignent, & l'experience
verifie que la guerre met pluſtoſt la reputation d'vn Prince au hazard,qu'elle
ne l'augmente. Et quand il pourroit
acquerir autant d'honneur qu'eut iamais Cæſar, que l'empire de l'vniuers
fuſt le pris de ſa victoire, ne ſeroit-ce
pas vne cruauté d'y paruenir par vne
voye ſi deteſtable? O que l'honneur
eſtvne miſerable choſe s'il le faut ache-
ter auec effuſion de ſang! I'adore ta
memoire Othon Saluie, delices de tõ
ſiecle, vnique eſpoir & contentement
des ſoldats Romains, qui volontaire-

ment facrifioient leurs moiens & leur
vie pour t'efleuer au throfne imperial,
& te donnoient leurs armes pour gages d'vne fidelle affection. Tu refufas
leur offre, aymant mieux mourir fimple gentilhomme, que de gaigner la
monarchie auec la perte de tant de bós
feruiteurs. Ceft acte vaut tous les empires du monde. La pofterité le prefe-
rera aux lauriers des Cæfars, pour ce
que plufieurs imiteront ceux cy, mais
ta genereufe bonté demeurera à iamais incóparable. Faut-il que les monarques s'eftabliffent par maffacres &
boucherie? Abus. Ce ne font pas voleurs, pour proceder en cefte façó. Ce
sót images de Dieu, tuteurs du peuple,
deftinez pour guerir nó pour bleffer,
pour baftir non pour deftruire. Mais
fuppofons que la guerre fut neceffaire
pour fonder les monarchies. Auiour-
d'huy qu'elles sót eftablies, il n'eft plus
befoing à ceux qui en ioüiffent de ré-
plir le monde de carnage. Que leur
fert de fe mettre en campagne, puis
qu'ils ont fans coup ferir l'honneur de
fouuerain commandement, qu'ils veulent chercher auec tant de peine, & peu
d'apparence d'executer leur deffeing?

Qu'ils se tiénent sur la defensiue. C'est
beaucoup de conseruer vne monarchie : Et croyent fermement que
l'honneur est fort engagé en la guerre, & le profit encore plus incertain.
Car pour deux soldats qui s'y enrichi-
ront, on en trouuera cinquante qui n'y
gaigneront que des coups ou des maladies incurables. Pour le regard des
Princes, ils y espuisent leurs finances.
Philippe 2. Roy d'Hespagne en sçauroit bien que dire, qui a employé tant
de millions d'or auec si peu d'aduäce-
mét, que son exemple a serui d'instru-
ctió à son successeur pour rechercher
vtilemét la paix es lieux où il pouuoit
faire inutilement la guerre. Celuy qui
se peut vanter le plus de ses exploicts
militaires, c'est le grand Seigneur: Car
outre ce que tous subiects font profes- *ses*
sion des armes, ses entreprises ont re-
üssi si heureusement, qu'il n'y a pour le
present monarchie comparable à la
siéne. Voyez neátmoins ce qu'il a gaigné depuis plusieurs ans Il n'a quasi
fait que se defendre, & a esté reduit à
des extremitez par ses propres subiects, qui luy doiuent bien faire penser

à sa conseruation plustost qu'à vne
nouuelle conqueste, & cösiderer que si
la force establit les monarchies, elle les
peut aussi ruiner, veu mesmes qu'il së-
ble estre paruenu au plus haut degré
de puissance & grandeur humaine.
Dautre part les Chrestiens n'aduan-
cent pas mieux leurs affaires: Et encore ont-ils ce malheur, que s'ils obtien-
nët quelque victoire, ils n'en ioüissent
pas long-téps, au contraire les Turcs
se maintiennent, & ne se laissent
point aisemët dessaisir de leurs posses-
sions. Ie confronte ces deux peuples,
pour ce qu'ils sont par maniere de dire
ennemis naturels, & ont diuisé presque
tout le monde en deux parties, à cause
de la diuersité de leur religiö, tellemët
que s'ilsse pouuoiët accorder, ce seroit
vn grãd acheminemët pour la paix vni
uerselle. Car le Prince Chrestiè se voyant en paix auec le Mahometan, s'accor
deroit encore plus volontiers auec vn
autre de sa religion, & le grand Seigneur estant d'accord auec les Chrestiens se rendroit plus facile au Roy de
Perse, ou de Tartarie. Quãt aux payés
& Iuifs, ie croy qu'ils ne refuseroient

point d'eſtre compris en vn traitté
ſi general & au fort ils ne ſeroient
pas ſuffiſans pour empeſcher vn ſi bon
effect. Toute la difficulté giſt aux pretentions de quelques ſouuerains, qui
ont eſté ſpoliez de leur Seigneurie ou
partie d'icelle: Et de là vient la troiſieſme occaſion de guerre, lors que les
Princes leuent les armes pour r'entrer en poſſeſſiõ de leurs anciés droits
& ſe venger du tort qu'ils ont receu.
Mais qui contempletra l'origine des
empires & royaumes, iugera que telles
pretentions ſont mal fondees. Car les
Monarchies ne s'acquierết pas cõme
vn autre heritage. Elles viennent im-
mediatement de Dieu, & ſont eſtablies
par ſa ſeule prouidence, qui donne les
ſceptres & les oſte quand bon luy ſé-
ble, en oſtant pareillement le moien de
les recouurer. Dont pluſieurs peuuết
donner ſuffiſant teſmoignage: & ſur
tout l'Empereur Romain, Qui a plus
de ſubiet de ſe plaindre que luy, veu
quela plus part des royaumes d'auiouc
d'huy ſont fondez ſur les ruines de ſõ
eſtat? Toutesfois il eſt contrainct de
ſe contenter de ce peu qui luy reſte, &

se reſſouuenir, que comme l'Empire
s'eſt iadis accreu&enrichi des deſpoüil
les du monde, il a auſſi finalement ſerui de proye à toutes les nations qui en
ont chacune emporté de bónes pieces.
Il n'eſt beſoing de nommer d'autres
Princes, qui ſe ſont en vain efforcez de
recouurer ce qu'ils auoient perdu, &
ont experimété que les royaumes ont
a la façon des hommes particuliers leur
naiſſance, accroiſſement, & declin. Il
ne faut point icy ſe flatter, & dire que
Dieu fauoriſe les cauſes iuſtes. Car
c'eſt entrer trop auant au cabinet de ſa
prouidence, de s'aſſeurer qu'il nous fa-
uoriſera pluſtoſt qu'vn autre. L'eſpoir
de c'eſte faueur imaginaire a faict entreprendre des guerres à pluſieurs qui
preſumoient de leur bon droict, & pé-
ſoient que Dieu ſe ſeruiroit d'eux pour
exterminer vne puiſſance quils appel-
loient iniuſte & tyrannique. Ils ſe ſót
trouuez bien loing de leur compte, &
pour vne lieuë depays qu'ils vouloient
gaigner ſur les vſurpateurs, en ont perdu cinquante, & ont mis en danger
leur eſtat: quelques vns y ont laiſſé
l'honneur & la vie. C'eſt bien faict à
vn Prin,

vn Prince de s'oppofer valeureufemēt
à celuy qui veut empieter fon pays.
Mais depuis qu'il en eft totalemēt pri-
ué, & que pour fō impuiffance il ne fe
peut rehabiliter, il doibt ceder, ie ne diray pas aux hommes, mais à Dieu, qui
eft ialoux des Monarchies comme de
fes plus beaux œuures, efquels il a gra-
ué l'image de fa maiefté, les characteres de fa vertu, & s'en declare protecteur par des effects vifibles, principalement depuis qu'elles font fortifiées
d'vne longue poffeffiō. Ceux qui alors
les attaquent, ne gaignent non plus
que les anciens qui ont tafché de couper l'Hexamilo. Il n'eft pas en la puiffance des hommes de rompre vn ordre diuinement eftabli, comme celuy
des Monarchies. Les Princes qui s'y
trouuent intereffez ou pour la ruine
totale de leur eftat ou pour la diminution d'iceluy, doiuent fçauoir que
Dieu n'eft pas tenu de continuer fa benediction en vn endroict. Que s'il a
trāsferé leur fceptre à vne autre main,
il a fait la mefme faueur à leurs predeceffeurs, qu'il a releué de terre, leur
donnant vne puiffance abfoluë, pour

B

en ioüir tant qu'il luy plairoit & non
autrement. Qu'ils ne se plaignent dõc
point d'vn mal commun à tous estats,
qu'ils n'accusent point vne vsurpatiõ,
que le temps, le bon-heur, & la volonté de Dieu authorisent : qu'ils retran-
chent leurs esperances inutiles, & le desir de vengeance qu'ils ne peuuent effectuer : Et quand ils le pourroient faire, ils deuroiét prendre vne autre voye
& auparauant que venir aux armes, se
rapporter à l'arbitrage des Potentats
& Seigneurs souuerains : Ce faisant ils
gaigneroient l'amitié de leurs semblables, pour s'en preualoir contre leurs
ennemis, au cas qu'ils ne vouluffent se
foubsmettre au iugement d'vn tiers.
Or si vn Prince reçeuoit vn iuge qui
vouluft imperieusement s'ingerer de
vuider les differens, cela veritablemét
raualeroit sa grandeur : mais d'accepter
volontairement des arbitres, c'est vne
chose iadis pratiquee & qui se practi-
que encore par les Monarques. Que si
on termine à l'amiable les querelles es-
meuës pour la possession des souueraines Principautez, on pourra plus aise-
ment pacifier d'autres contestations &

debats qui furuiennēt entre les grands
pour leurs limites, penfions, tributs &
autres droicts de moindre importāce,
comme auſſi pour quelques actions ou
paroles offenſiues qui cauſent ſouuent
de cruelles guerres, faute d'vn tiers qui
pourroit addoucir les affaires en moyennant quelque ſatisfaction honneſte,
pour contenter celuy qui auroit eſté
offenſé. Et à cecy ſeruiroit grandemēt
l'aſſemblee generale de laquelle nous
parlerons cy apres. Voila donc la troiſieſme occaſion de guerre aſſez refu-
tee. Reſte la quatrieſme, à laquelle ie
confeſſe qu'il eſt plus difficile de remedier, attendu que les hommes ſont naturellement impatiens de repos, & ſur
tout les gens de guerre. C'eſt pourquoy nous liſons que tant de peuples
autrefois ſe ſont bannis volontairemēt
de leur païs, pour aller chercher la
guerre ailleurs, ne pouuans endurer
que leur bras ſ'engourdit auec leur generoſité. Cela meſme a contrainct
quelques Roys de licentier leurs ſubiects, leur permettant d'aller buſquer
fortune, de peur qu'ils n'imitaſſent ces
ancjēs Odryſes qui entamoiēt à coupt

d'efpee leur propre corps, quand ils
n'auoient point d'ennemis pourfe battre. Les Allemans à mefme fin exer-
çoiët leur ieuneffe au brigandage pour
luy faire paffer le temps. Que feront
donc auiourd'huy tant de vaillans hômes, qui ne peuuent fentir que la pou-
dre à canon, ny mettre la main que fur
le pommeau de leur efpée, ny le pied
que fur vn champ de bataille ou vne
brefche, comme dit vn braue difcou-
reur, qui ne fe nomme point? La ref-
ponce à cefte demande eft fort fom-
maire. Le monde n'eft pas fait pour
telles gens qui ne fçauët que mal faire.
La cour des Roys n'eft pas leur vray
feiour. Il les faut tous enuoyer aux
Canibafes & Sauuages, qui n'ôt rié de
l'hôme que la figure. Maudit naturel
qui cherche le repos dâs l'inquietude,
l'honneur en l'infamie, & le paffetemps
en l'inhumanité! Reprimez (grands
Monarques) reprimez ces monftrueux
courages, ces efprits forcenez, qui ne
fuiuent pas les Princes, mais leur fortune, qui les abandonnent au befoing,
& fouuentesfois les trahiffent. Que
peut-on efperer de ceux qui ne refpi-

gent que le sang & le carnage? Il est
certain que les soldats sont necessaires
à vn Prince, pour la tuition de sa personne & de son estat, mais quand il
aura balancé le bien & le mal qu'il en
reçoit, il trouuera qu'il est beaucoup
plus dangereux de les estimer que de
les abbaisser. Car l'esprit d'vn guer-
rier est ambitieux & violent, & ne regarde pas ce qu'il tient, mais ce qu'il
peut obtenir. Ne voyons-nous pas des
exemples de cecy au siecle passé & au
nostre ? Les Empereurs Romains se
sont mal trouuez d'auoir tant deferé
aux Soldats de leur garde. Les mutins
donnoient, ou pour mieux dire, vendoient l'Empire, & l'ostoient à leur
plaisir. Ils n'auoient pas si tost presté
le serment de fidelité à leur maistre,
qu'ils en estoient degoustez, & le
massacroient cruellement pour substi-
tuer vn autre en sa place, qui estoit receu à mesme côdition que le premier,
c'est à dire, il couroit fortune d'auoir
vn pareil traittement quand il plairoit à ces bourreaux, qui pronon-
çoient arrest de mort contre celuy
auquel ils soubsmettoient leur vie.

Ainfi le grand Seigneur reçoit fouuent
la loy de ceux qui fe difent fes efclaues.
Quelle pitié de voir vn Souuerain
contrainct d'abandonner fes plus fideles feruiteurs à la volonté d'vne troupe
mutine, qui prefente vne requefte les
armes au poing, & menace audacieufe-
ment fon Prince cóme s'il tenoit d'elle
fa coronne imperiale? C'eft ce qui per-
dra les Othomans, & leur Empire ne
fera iamais ruiné que par la puiffance
immoderée qu'ils ont donné & donnent encore aux Ianiffaires. Que s'ils
vouloient reçeuoir vn confeil pacifique, & confpirer vnanimement auec
les autres Monarques pour le repos
public, ils n'endureroiét point ces brauades, feroient mieux feruis, & ne de-
pendroient aucunement des caprices
des hommes turbulens, aufquels ils
font cótrainéts d'accorder tout. L'Empereur Probe confiderant cecy difoit
franchement, qu'il difpoferoit les affaires en telle forte, qu'on fe pafferoit
bien de foldats. Grands Princes, il eft
en vous d'effectuer cefte fainéte refo-
lution. Tous les hommes en general,
& vos peuples en particulier vous en

feront obligez. Il n'y a conqueſte, qui
vous puiſſe acquerir tất d'applaudiſſement; il n'y a victoire qui merite tant
de feux de ioye. Quel plus grand honneur pouuez-vous deſirer que de
voir ſoubs voſtre authorité publier la
paix par tout le monde? On marquera
dans les Chroniques voſtre nom en
lettres d'or : on loüera voſtre regne,
comme ayant eſté le commencement
ou le retour du ſiecle heureux. On ne
parlera plus des conqueſtes d'Alexandre, des triomphes de Ceſar, des ſt ra-
tagemes d'Annibal & Sertorie. La vanité de ces gens-là ſera recõgneuë qui
ont fondé leur gloire ſur meurtres &
pilleries, dont ils deuroient pluſtoſt
auoir emporté vn regret & honte perpetuelle. On fera veoir à la poſterité
ces braues Heros, qui aurõt ſurmonté
les monſtres d'inhumanité & barbarie,
auront rangé l'vniuers ſoubs les loix
de iuſtice, bref qui ſe ſeront monſtrez
vrayes images de la diuinité. Or ce
beau tiltre ne s'acquiert point par ſac-
cagemẽs, maſſacres, & actes d'hoſtilité,
mais par vn doux gouuernemẽt, puiſſance legitime & reglee, qui diſtingue

les Royaumes d'auec les brigandages
& tyrannies pleines d'inquietude & de
peu de duree. Car il ne faut pas estimer que la grandeur d'vn Roy consiste en l'estenduë de sa seigneurie. Age-
silaüs se faschoit de ce qu'on qualifioit
du nom de Grand le Roy de Perse.
Comment peut-il estre plus grand que
moy, disoit-il, s'il n'est plus iuste? La
vraye grandeur d'vn Souuerain gist en
la prompte obeïssance de ses subiects,
& ferme ioüïssance de son estat, ce
qui ne luy peut arriuer tant qu'il s'engagera en vne guerre, laquelle apporte vne grande alteration aux volon-
tez, auec diminution d'obeïssance &
de respect: & tel commande à baguet-
te en pleine paix qui est contrainct en
temps de guerre de courtiser son vas-
sal, & entretenir vn simple Soldat de
belles promesses. Et à quelle fin ces
honteuses submissions? Pour empieter
sur vn voisin, pour se rendre redoutable. Si la grãdeur de vos courages vous
appelle à vne fortune plus releuee, si
elle ne peut acquiescer aux posses-
sions presentes, à tout le moins imitez
les aigles, qui par vne tacite conuen-

tion fe prefcriuent vn certain efpace,
dans lequel elles cherchêt leur proye,
& ne paffent point outre . Bornez
voftre territoire à la mode du fage Numa , & fuiuant fon ordonnance facri-
fiez au Dieu Terme fans effufion de
fang . Augufte fe comporta de cefte
façon , & mit volontairement des
bornes à fon Empire limitant par ce
moyen fa cupidité . Ceft Empereur
monftre bien comme il fe faut feruir
des gens de guerre . Car apres qu'il
euft eftabli la paix , il mit bonnes gar-
nifons fur les frontieres : outre ce il
auoit deux flottes fur mer efquippees
& bien garnies , pour les employer felon les occurrences . Et cecy feruira
pour fatisfaire à ceux qui difent que la
valeur feroit abaftardie par le moyen
d'vne paix generale. Ie pourrois leur
refpondre que tout le môde eftât d'accord on n'a que faire de s'aguerrir, &
qu'il vaut mieux eftre coüard que brutal & barbare. Mais les Romains don-
noiêt bô ordre à cela, & s'empefchoiêt
biê de deuenir lafches en têps de paix.
Ils s'exerçoiêt aux tournois, tiroient à
la quintaine, reprefentoient battailles

terreſtres & nauales, afin de ſe diſpoſer
aux ſerieux combats , & notamment
pour éuiter l'ennuy qu'apporte vne
longue oiſiueté. Car tout homme s'at-
tedie, depuis qu'il n'exerce plus ſõ meſtier. Voila pourquoy à vn ſoldat qui
ne ſçait faire autre choſe que fraper , il
eſt bon de donner quelque ſubiect, où
il puiſſe deſgourdir ſon bras, eſprouuer
ſa force & dexterité, auec hõneur toutesfois, & ſans meurtre. Et cõme ceux
qui ayment quelque choſe en voyent
volontiers le pourtraict, auſſi ceux qui
demandent les combats ſont biẽ aiſes
d'en veoir la repreſentation. Que ſi
tels ieux ne leur ſont aggreables s'ils ſe
veulent battre à bon eſcient, les beſtes
fourniront aſſez dequoy paſſer ceſte
furieuſe enuie. La chaſſe eſt vn exercice noble, & bien-ſeant aux gens de
guerre, ſur tout à ceux qui ſont qualifiez. Ie mets au rang des beſtes les
peuples ſauuages qui n'vſent point de
raiſon. Ils donneront pareillement vn
iuſte ſubiet de guerre, auſſi bien comme les pirates & voleurs qui ne font
eſtat que de brigander. Voila enquoy
les ſoldats peuuent eſtre legitimement

employez, & par ce moyen ils n'aurôt
occasion de se plaindre, attendu qu'ils
seront tousiours necessaires pour la
manutention de la paix, & conseruа-
tion des Princes, qui ne peuuent estre
en seureté sans les armes, & partant ne
doiuêt mespriser ceux qui en font pro-
fession, au contraire les honorer de
quelques priuileges & mesmes leur dô-
ner dequoy viure, afin de leur oster
toute occasió de mescontentemêt. Que
si l'estat de leurs Finances ne pouuoit
fournir à ceste liberalité, ils pourroient
appliquer à cela deux remedes. Le premier est, congedier vne partie des gens
de guerre, & retenir seulement les plus
robustes & plus propres suiuant l'exemple de Iules Cesar, lequel diminua
le trop grand nôbre de citoyens nour-
ris aux despens de la Republique, & les
reduisit au nombre de cent cinquante mil hommes. L'autre remede est de
leuer vn impost particulier, pour l'en-
tretenemêt de la gendarmerie, à quoy
tout le peuple contribuëroit volontiers, & n'auroit point de regret, de
s'incommoder vn peu, pour auoir la
paix, & éuiter les oppressions & outra-

ges qu'i'end ue des Soldats quand ils
font mal payez. C'eſt le principal fruiɔ̃t
de la paix, de regler des deportemens
des gendarmes, mais c'eſt vne choſe
impoſſible, tant que leur paye ſera re-
tenuë ou differee. Or ce n eſt pas tout
de tenir en bride ces gens-là, & d'empeſcher que l'oiſiueté ne leur engendre vn deſir de rémuër. Il faut prendre
garde aux habitans des villes, qui ne
ſont pas moins difficiles à gouuerner.
Car les villageois ſont la pluſpart oc-
cupez & ne penſent qu'à leur meſnage. En vne ville on voit vn tas de fai-
neans neceſſiteux, qui ne ſçachans
que faire, cherchent des querelles. Rome a eſté fort trauaillee par ceſte ca-
naille, qui ne viuoit que de partialitez,
& preſtoit eſcorte de gayeté de cœur
aux Magiſtrats ſeditieux pour piller,
maſſacrer, & mettre tout en confuſion. Pour obuier à ce mal, il eſt beſoing de renouueller l'ancienne couſtume des Atheniens & Aegyptiens,
qui faiſoient rendre compte à vn chacun de ſa vie, & puniſſoient ceux qui
demeuroient ſans rien faire. Encore
les Chinois n'endurent point les fai-

neans , recognoissans que c'est vne
pepiniere des voleurs, assasins, & fa-
ctieux.Le PrinceHipparque se faschoit
quád il voyoit quelque hôme otieux,
il l'exhortoit à trauailler , & afin qu'il
n'eust aucune excuse , luy offroit des
terres & des bœufs pour les labourer.
L'agriculture & le trafic sont deux
vacations necessaires , & ne sont pas
moins honorables. En l'vne & en l'autre paroissent le trauail,le courage,l'industrie, & preuoyáce d'vn homme. Le
labourage nourrit vn estat : le trafic
l'aggrandit . Et c'est vn abus de penser que ces mestiers soient mechaniques ou qu'ils derogent à la Noblesse.
Les Gentils-hommes Romains met-
toiēt eux mesmes la main à la charruë,
& auoient leurs facteurs en diuerses
prouinces,par l'entremise desquels ils
trafiquoient. Et mesme an temps present plusieurs Princes ôt des vaisseaux
sur mer , qu'ils enuoyent aux pays
estranges , dont ils tirent vn grand
profit . Certainement il ne faut de-
nigrer le marchand , principalement
celuy qui d'vne resolution genereuse
entreprend des voyages hazardoux,

afin de s'enrichir luy & ſon pays . Il ne
peut faire l'vn ſans l'autre , & le public
eſtant compoſé des particuliers , il ſe
reſſent des richeſſes & de la pauureté
de ceux-cy. Or ce qui apporte des cõ-
moditez à vne Monarchie ce n'eſt
point la multitude des preſtres mini-
ſtres, ny Religieux, iaçoit que leur dignité ſoit grande & neceſſaire pour attirer la faueur du Ciel:ce ne ſont point
auſſi les practiciens & officiers de iuſtice qui ne deuroient eſtre en ſi grand
nombre comme ils ſont en quelques
endroicts. Bref il n'y a meſtier comparable en vtilité à celuy dumarchand,
qui accroiſt legitimement ſes moyens
aux deſpens de ſon trauail, & ſouuen-
tefois au peril de ſa vie , ſans endõma-
ger n'y offenſer perſonne : en quoy il
eſt plus loüable que le ſoldat, dõt l'aduancement ne depend que des deſ-
poüilles & ruines d'autruy . Et puiſqu'il eſt queſtion de bannir l'oiſiueté,
& diuertir les mauuaiſes penſées qu'elle cauſe ordinairement en l'eſprit des
faitneans , il n'y a meilleur expedient
pour cela que la negotiation,à laquelle
les Princes doiuent inuiter leurs ſub-

iests par toute sorte d'artifices. Et cōme Cyrus voulant abastardir ses rebelles de Lydie , leur fit subtilement fre-
quéter les theatres, bordeaux, & caba-
rets:aussi au contraire pour rendre vn
peuple actif & laborieux il est necessaire d'ouurir les boutiques,& conuier au
trafic indifferemment les grands & les
petits. Mais ny les vns ny les autres
ne s'y addōneront pas volontiers tant
qu'ils verront la condition des marchands si raualee,& qui pis est subiette
à tant d'impositions. Il est raisonnable
que le Prince tire quelques deniers sur
les marchandises qu'on apporte & trā-
porte hors de sa Seigneurie : mais il
doibt en cela vser de moderation autāt
qu'il luy sera possible,& principalemēt
pour le fait des marchandises necessaires à la vie, cōme bled, vin, sel, chairs,
poissons,laines,toiles,& cuirs,afin que
les marchands y trafiquent plus librement , & que le peuple les aye à meilleur pris,qui par ce moyen sera contēt,
& au lieu de murmurer cōtre son Prince, le reuerera comme vn astre salutaire,ou Dieu terrestre,luy donnera mille
benedictions & tesmoignages de sa

bienueillance, en telle forte qu'il n'aura besoing de foldats, e'tant affeuré au dedans de fon Royaume : & quant aux eftrangers il s'en garêtira par l'entretien de quelques compagnies d'ordonnance, encore qu'elles ne foient pas beaucoup requifes, finon pour fatisfaire à la deffiance, fi tant eft que nous puiffions obtenir vne paix vniuerfelle, dont le plus beau fruict eft l'eftabliffement du commerce : & partât les Monarques doiuent pourueoir, à ce que leurs fubiects puiffent fans aucune crainte trafiquer tant par mer que par terre : ce qu'vn chacun pourra aifement faire en fon eftat particulier. Et pour bien commencer, faudroit prendre le foing non feulement des groffes riuieres, mais auffi des moindres, & rendre celles-cy capable de porter bateaux, attendu qu'en cela gift toute la commodité du commerce, fi bien que ceux qui n'ont aucune riuiere, font venir des eaux par artifice, comme les Brabanfons qui ont creufé vn canal depuis Bruxelles iufques à Lefcaut, afin de communiquer plus aifément auec ceux d'Anuers. On trouue affez de

belles

belles riuieres en France, mais elles ne
seruent qu'à noyer les prez & les heritages prochains, comme l'on remon-
stra au conseil du Roy Charles neufiesme, qui auoit resolu d'y pourueoir, si
les troubles suruenus n'eussent rompu
le dessein. Aussi depuis peu de temps
on a proposé le moyē de ioindre quelques fleuues nauigables. L'argent & la
peine seroient en cela bien employez.
Mais il seroit plus vtile pour le trafic
general, de ioindre deux mers : ce qui
ne se peut faire que par trois moyens,
iadis pratiquez auec plus de courage
que d'effect : c'est à sçauoir en coupant
vndestroit de terre qui soit entre deux
mers : ou en conduisant vne tranchee
d'vn fleuue qui tombe dans vne mer,
& ne soit pas esloigné de l'autre : ou
bien ioindre par vne fosse deux riuieres, lesquelles s'embouchent sepa-
rement en diuerses mers. Le premier
moyen a esté pratiqué par le Roy De-
metrius, & les Empereurs Iules, Cali-
gula, Neron, qui ont tasché de couper
l'Hexamilo, qui separe la mer Ægée
d'auec l'Ionique, mais ils n'ont rien
gaigné. Le second moyē fut employé

par Ptolomee qui fit vne foſſe entre le
Nil & la mer rouge, mais il ne pourſui-
uit pas, ayāt eſté aduerti que ceſte mer
eſtoit plus haute que l'Egypte , & par
conſequent qu'elle noyeroit tout le
pays. Apres la reuolution de pluſieurs
ſiecles les Soldans & les Turcs ont eu
le meſme deſſein , pour ſe faciliter le
chemin aux Indes. Le dernier moyen
pour ioindre les mers a plus heureuſe-
ment reüſſi à Charlemagne. Car il ac-
coupla les riuieres d'Almona & de Ra-
dantia, en Franconie , dont l'vne tombe dans le Danube. & de là dans la mer
mediterranee: l'autre ſe ioinct au Mein
& au Rhein , & ſe rend finalement en
l'Ocean d'Hollande : Ainſi on alloit
éuiter beaucoup de deſtours qu'il faut
faire , & vne infinité de hazards & in-
commoditez qu'on ſouffre pour paſſer
d'vne mer à l'autre. Mais lors qu'on
eſtoit en ceſte beſongne, les pluyes furent ſi grandes , qu'elles comblerent la
foſſe de bourbier. Il feroit aiſé de mettre fin à ce beau deſſein, ſi la paix eſtoit
en Allemagne. Il y a vn autre endroict , où ces deux mers ſe pourroient ioindre. Ceſt en Languedoc,

en tirant vne tranchee de l'Aude qui
va par Narbone dans la mer Mediterranee, iufques à la Reige qui fe mef-
le auec la Garonne, & entre dans l'O-
cean Aquitanique. Le Roy François
premier proiettoit d'obliger fes fub-
iets par cefte action qui ne luy euft pas
moins apporté de reputation que fes
victoires, fi la mort ne luy euft enuié
ceft hôneur. De mefme façon il feroit
aifé d'accourcir le chemin de la mer
Cafpienne à la mer Maiour, en cou-
pât vne petite efpace de terre depuis le
Tane tombant au marais Meotide, &
pont-Euxin, iufques à Volga qui fe rêd
à la mer Cafpienne : car ces deux riuieres approchent en quelques endroicts fort prez l'vne de l'autre. Cela
rendroit le commerce de Mofchouie
& des Indes beaucoup plus facile &
plus libre. Ie confeffe que telles entre-
prifes font grandes & penibles, mais
auffi elles font dignes des grands Monarques, lefquels ne doiuent employer
le temps de paix qu'en actions efclatâ-
tes, releuees, & profitables au public,
comme celle-cy, qui tendent à l'eftabliffement & cômodité du commerce.

Quel plaisir seroit-ce, de veoir les hômes aller de part & d'autre librement,
& communiquer ensemble sans aucun
scrupule de pays, de ceremonies, ou
d'autres diuersitez semblables, comme
si la terre estoit, ainsi qu'elle est veritablement, vne cité commune à tous? Il
n'y a que les sauuages & voleurs qui
puissent empescher vn si grand bien:
mais il est vray semblable, que se voyās
seuls, ils penseront à leur conscience.
Que s'ils veulent côtinuer leur façon
de viure brutale, ils ne sont pas bastans
pour resister à vn consentement general de tant de peuples, qui leur cour-
ront sus, & les iront bloquer, assaillir
& tuer côme pauures bestes dans leurs
gîtes. La guerre sera tousiours bonne
contr'eux, si on ne les peut reduire à la
raison. Et pour le regard des voleurs
de terre, il est aisé de les dôpter, ou de
viue force, ou par famine, en leur re-
tranchant les viures, si d'auanture ils
tiennent des lieux inaccessibles, comme ils ont en plusieurs endroicts. Les
pirates sont plus difficiles à attraper, à
cause de la large campagne de la mer,
qui leur sert d'asyle & de refuge. Tou-

tesfois pour en venir à bout , il y a
deux moyens tous diſſemblables : la
liberalité & la force. Pompee pratiqua
l'vn & l'autre contre les Corſaires,qui
tenoient en ſubiection la mer mediterranee,& auoient reduict l'Italie en vne
extreme neceſſité de viures. Car apres
auoir eſquipé vn bon nombre de vaiſſeaux,il leur donna la chaſſe, en deffit
vne partie, contraignit le reſte d'accepter les conditions qu'il leur propoſa,
& leur ayant oſté les ports qu'ils occu-
poient , les eſcarta en diuers lieux, en
leur baillant quelques terres pour s'entretenir , & ainſi rompit leur aſſocia-
tion , pendant laquelle ils s'eſtoient
rendus inuincibles. Si les Roys & potentats d'auiourd'huy ont vne bonne
intelligence enſemble, ils pourront en
peu de temps nettoyer la mer de ces
brigands. C'eſt vne honte que non
ſeulement on les tolere , mais auſſi on
leur donne des lieuxd'importáce pour
retraicts , comme Alger en Barbarie.
Le grand Seigneur tire peu de profit,
& moins d'honneur de cela, & bien
que telles gens luy peuuēt rendre ſeruice, en vne occaſion; il luy ſeroit tou-

tesfois plus seant, de mettre en ses villes vne garnison de braues & genereux
soldats, que de se declarer si ouuerte-
ment protecteur des Corsaires. Au surplus, la paix le dispensera de cette subi-
iection, & les autres Monarques em-
ployeront de leur part toute leur puissance, pour exterminer les voleurs.
Mais ie serois d'aduis, de tenter auparauant la voye de douceur, & leur offrir quelque honneste appointement.
La pauureté côtrainct plusieurs de mener vne vie illicite : ceste cause cessant,
ils se soubsmettront à la police cômu-
ne. L'importance est de leur assigner
pension, ou pluftost des heritages. Il y
a tât de terres qui sont inutiles par faute d'estre cultiuees : que si on les vouloit deffricher, elles suffiroient pour
nourrir vne infinité de pauures. Il y a
pareillemêt force lieux marescageux,
dont on feroit de bonnes terres si les
eaux en estoient escoulees. Ce qui oc-
casionna les Romains de donner com-
missiô à plusieurs Magistrats pour nettoyer & dessecher cette grande palus
qui est sur le chemin de Naples, mais
ils se sont portez trop lentement en

eeſt affaire, de ſorte que ce quartier-là
eſt encore auiourd'huy plein de bour-
be, qui pourroit eſtre conuerti en bonnes prairies ou terres à bled, ſi les hommes y vouloient trauailler : Ie diray le
meſme des mareſcages & terres deſer-
tes de Languedoc, Prouence & autres
cantons de ce Royaume, qui teſmoignent le mauuais meſnage, ou la negli-
gence des François. S'il y a de la difficulté en cela, elle ſe peut ſurmonter
par vne laborieuſe perſeuerance. Rien
n'eſt impoſſibile à la main & induſtrie
de l'hom ne. Les Ægyptiens ont employé tant de temps & d'argent à baſtir
leurs Pyramides, qui n'ont ſerui que
d'oſtentation: A plus forte raiſon doit-
on s'efforcer de rendre la fertilité à ces
campagnes ſteriles, pour le ſoulagemēt
d'vne infinité de pauures. Et au cas
qu'elles ne fuſſent propres ny ſuffiſan-
s pour accommoder les pirates, il
faudroit leur achepter des terres de
labour, & les enſaiſiner d'icelles, à
la charge de les entretenir en bon
eſtat, & d'en payer vne petite rente par forme de recognoiſſance. Ceſte largeſſe ſe feroit aux deſpens du

public, mais il en tireroit le profit. On
achepte aucunefois bien cherement la
paix d'vn ennemy. Pourquoy ne pre-
uiendroit-on pas les mauuais deffeins
de ces gens-là, qui denoncent la guerre à tout le monde , par vne liberalité honneste , qui leur amolliroit le
cœur , addouciroit le courage , & les
reduiroit à vne vie tranquille. Il y a
des naturels qui ne fe peuuent gaigner autrement , & comme ces deux
roches dont parle Pline, ne bougent de
leur place, quand on les pouffe rude-
ment, mais en les touchant du bout du
doigt on les esbranle; auffi plufieurs fe
rangent à la raifon par douceur, qui ne
flefchiroient aucunemēt foubs la violence. Il n'y a point de plus belle victoire ny de plus affeuree, que celle de
la courtoifie, & clemence. Vn Prince
ne fera iamais blafmé quand il fera le
profit de fon peuple & le fien en quelque maniere que ce foit. L'Empereur
Solyman fit vn traict de maiftre politique, quand il rechercha d'accord Dra-
gut & Barberouffe Archipirates : il les
reçeut en fon Confeil , leur donna des
gouuernemens & charges honorables,

afin d'auoir la paix en fes eftats, bref de
puiffans ennemis en fit de bons amis.
Ce moyen d'attirer les Corfaires à la
vertu eft loüable, afin que par leur exemple les autres foient rangez à leur
deuoir, &auffi de peur que le defefpoir
ne les incite à commettre de plus grandes cruautez. Que fi quelques vns
veulent continuer leur volerie, il les
faut pourfuiure, & chaftier fans aucune
mifericorde : A cefte fin chaque Prince deuroit entretenir toufiours quelques vaiffeaux pour côbatre ces monftres marins. Augufte pourueut dili-
gêment à cela : Car outre les vaiffeaux
qu'il auoit au port d'Oftie, de Freius, &
fur le Rhein, Danube, & Euphrate, il
entretenoit deux grandes flottes, l'vne
à Mifene qui gardoit les coftes de Frâ-
ce, Hefpagne, Afrique, Aegypte, Sar-
daigne & Sicile : l'autre à Rauenne qui
couroit en Grece, & en l'Orient. Il ne
tiendra qu'aux Monarques de ce têps,
que les chemins de la mer ne foient af-
feurez. C'eft honneur & profit pour
eux. Le Roy d'Hefpagne y met peine
de fon cofté. Car fon Lieutenant de
Goa, tous les ans vogue fur l'Ocean

des Indes Orientales auec vne armee
nauale, pour empefcher les courfes des
Pirates : & à mefme fin il entretient
bonne garnifon en la ville S. Domini-
que, qui pour la commodité de fa fitua-
tion commáde à toute la mer du nouueau monde. Les autres Roys peuuét
pareillement affranchir leurs coftes de
brigandages, & par ce moyen le commerce eftant affeuré les hommes auront vne belle occafion de s'addonner
au traficták par mer que par terre. Qu' fi
quelqu'vn ne fe fét propre, ou s'il n'eft
enclin à la negotiation , il y a d'autres
meftiers qui cõuiennent au menu peuple. Non que pour cela ils foient mef-
prifables : car l'architecture , la peintu-
re, l'orfeurerie, l'horlogerie, l'ouurage
des foyes, des toiles & autres arts que
nous appellons mechaniques , ne ce-
dent gueres en inuention ou fubtilité
aux arts liberaux , & en vtilité les fur-
paffent. Occafion pourquoy il feroit
bon pour encourager les artifans , de
leur propofer recompenfe, & d'eftablir en toutes les villes vn officier, qui
reçeuroit les noms de ceux qui excel-
leroient en quelque art afin de les ap-

pointer fuiuant leur capacité, laquelle
ils feroiét veoir en prefence des maiftres ouuriers. Cefte Police efueilleroit
les efprits, les rétireroit de l'oifiueté, &
leur feroit embraffer gayement vne
vacation, foubs l'efpoir d'eftre pourueus en cas qu'ils s'acquittaffent biē de
leur charge : Et ce qui les encourage-
roit le plus, ce feroit de veoir le foing
que le Magiftrat auroit de leur profef-
fion attendu qu'il n'y a rien qui ex-
cite plus la vertu ou l'induftrie que
la recompenfe donnee par authorité publique. On verroit alors vne l elle contention entre les hommes de
n efme qualité : chacun s'efforceroit
à furpaffer fon compagnon, pour
r'emporter le bruiɛt & l'atteftation
d'auoir bien faiɛt en fon meftier.
Mais nous ne fommes fur le poinɛt de
veoir vn tel ordre. Les arts font mef-
prifez & en particulier & en general.
Il n'y a prefque moyen en ce fiecle
de paruenir à vne fortune mediocre
par aucun honnefte exercice. Vn
hóme quelque induftrie, quelque emi-
nence de fçauoir, ou artifice qu'il aye
en fa vacation, n'eft non plus eftimé

qu'vn chetif apprenti,& ne fçai à qui
il fe doibt addreffer, pour gaigner fa
vie, s'il n'a autre fupport ou refpondãt
que fa fuffifãce. A qui aura-il recours?
A ces femblables? La ialoufie les em-
pefchera de luy vouloir du bien, &
quand il feroit merueilles, il luy faut
trouuer argẽt pour fe faire paffer maiftre: autrement il ne luy fera permis de
tenir boutique. Cela fans doubte eft
capable d'aneantir tous les arts, & de
rendre tant d'hommes faitneans, qui
aiment mieux battre le paué, feruir
d'eftafiers & coupe-iarets, ou mendier,
que de trauailler, voyans le peu d'eftat
qu'on fait des bons ouuriers & ingenieux. Il faut donc auoir foing des arts
mechaniques, & y apporter le reglement fufdict, afin que le fimple peuple
s'y addonne foubs l'efperance de profit, & d'entretien fortable à fa condition. Car Lycurgus n'auoit point raifon de defendre les ouurages de main,
& le trafic à fes Citoyens, ne leur laif-
fant que le bouclier & l'efpee. C'eftoit
violenter la focieté humaine, & luy
ofter fes beaux ornemẽs, voire mefme
la d'efpoüiller des chofes les plus ne-

ceſſaires. Son ordonnance eſtoit bonne pour la Republique des beſtes, qui n'ont que les dents & les griffes. Numa fit plus ſagement qui departit le peuple de Rome par confrairies, & en eſtablit autāt qu'il y auoit de meſtiers, recognoiſſant que le corps d'vne ville eſtoit cōpoſé d'artiſans & marchands, & que ſans eux vn eſtat ne pouuoit ſubſiſter,& perdoit ſa forme . Ie vous laiſſe à penſer en quelle peine nous ſerions,ſi nous n'auions point de laboureurs,vignerons, tiſſerands, tanneurs, forgerons , mareſchaux, chirurgiens, teinturiers,maſſons,charpentiers,fondeurs,cordonniers, foulons, cardeurs, orfeures, potiers, tourneurs, & autres ſemblables ouuriers, de qui nous tenons non ſeulemēt nos commoditez, mais auſſi la vie. De dirè que telles vacations appartiennēt aux eſclaues, cōme eſtimoit Lycurgus,ceſt vne impertinence,attendu qu'vn homme prudēt & accort ne meſpriſe iamais vne choſe dont il ne ſe peut paſſer. Et à quel propos deſdaigner les arts mechaniques, principalement celles qui monſtrent vne dexterité, outre le profit & plaiſir

qu'elles apportent? Au reſte ce n'eſt
pas l'eſtat qui honore l'homme, mais
pluſtoſt l'homme qui fuict honneur à
ſon eſtat, comme diſoit Epamino..e,
lors qu'on luy bailla vne chetiue com-
miſſion, & peu conuenable à ſes merites. Toutesfois les hommes qualifiez ou pour la nobleſſe de leur race,
ou pour la ſubtilité de leur eſprit, deuroient pluſtoſt s'occuper aux ſciences, & ſur tout à celles qui regardent
l'vtilité de la vie, aſſauoir la Medecine
& les Mathematiques.. Pour le regard
de celles-cy, on ne les peut trop re-
commander, ſi nous conſiderons l'e-
ſtenduë de leur obiect, & la grandeur
de leur pratique, outre la certitude de
leurs demonſtrations, & la facilité qui
conuioit iadis les enfans à les apprendre. Quant à la medecine, bien que
pluſieurs la denigrent, ſon vtilité eſt
euidente, & pour vne raiſon qu'on
pourra braquer contr'elle, il y en a
cent qui luy ſeruiront de contrebatte-
rie pour la defendre. Iettons vn peu la
veuë ſur les autres ſciëces. La Theolo-
gie ſurpaſſe noſtre capacité. La Diale-
ctique n'eſt que ſeruäte & portiere des

autres. La physique est vne cognoissance de nature, qui depéd de l'experiéce.
La Rhetorique est superfluë. La Iuris-
pr dēce n'est pas plus necessaire, & vn
bon iugement naturel suffit pour terminer les procez, sans auoir recours à
vne milliace de loix & decisions, qui
enuelopent les causes, au lieu de les
demesler. La grammaire poësie & hi-
stoire sont plus specieuses que profitables. Tellement qu'en toutes les hon-
nestes disciplines ces deux-là tiennent
les premiers rangs, pour ce qui concerne l'vsage public, & partant doiuent estre recommandees, sans preiudice neantmoins des autres qui seruent de grand ornement. Voila les
exercices ausquels les Princes pourrőt
contraindre leurs subiects, afin qu'a,
yans dequoy s'emploier, ils ne s'amu-
sent à troubler le repos public: Et ainsi
nous auons reietté les causes & pretex-
tes de la guerre. Vne autre consideration
pourtant se presente encore. C'est
l'inimitié & s'il faut ainsi parler, lanti-
pathie qui se trouue ètre plusieurs peuples ou pour leurs vieilles querelles,
ou pour la diuersité de leur religion.

Car comment eſt il poſſible, dira quelqu'vn, d'accorder des peuples qui ſont
ſi ſeparez de volonté & d'affection, cōme le Turc & le Perſan, le François &
l'Heſpagnol, le Chinois & le Tartare,
le Chreſtiē & le Iuif ou Mahometain?
Ie dis que telles inimitiez ne ſont que
politiques, & ne peuuent oſter la con-
ionction qui eſt & doibt eſtre entre les
hommes. La diſtance des lieux, la ſepa-
ratiō des domiciles n'amoindrit point
la proximité du ſang. Elle ne peut non
plus oſter la ſimilitude du naturel, vray
fondement d'amitié & ſocieté humaine. Pourquoy moy qui ſuis François
voudray-ie du mal à vn Anglois, Heſpagnol, & Indien? Ie ne le puis, quand
ie conſidere qu'ils ſont hommes comme moy, que ie ſuis ſubiet comme eux
à erreur & peché, & que toutes les nations ſont aſſociees par vn lien naturel, & conſequemment indiſſoluble.
Qui fait qu'vn homme ne peut reputer
vn autre eſtranger, ſi ce n'eſt en ſuiuāt
l'opinion commune & inueteree qu'il
a reçeu de ſes predeceſſeurs. Ie diray le
meſme pour le regard des Religiōs qui
paſſionnent tant les hommes, & les
achar-

acharnent les vns contre les autres, ſi
que vn Chreſtien quand il rencontre
vn Iuif ou Mahometain, penſe eſtre
contaminé de leur aſpect, & s'imagine
de veoir vn demon : d'autre part ceux-
cy & les payens ont en pareil horreur
les Chreſtiens. Ie mets en auant ces
quatre Religions pource qu'elles ſont
les plus communes,& toutes les autres
en dependent. Les Chreſtiens blaſmēt
les Mahometains pour leurs ſuperſti-
tions & opinions ridicules. Ceux-cy
accuſent les Chreſtiens de blaſphemes
& impieté,& n'en parlent iamais qu'a-
uec meſpris. Les payens ſe targuent de
leur antiquité, & s'eſtiment heureux
de perſeuerer en leurs ſacrifices. Les
Iuifs ſe mocquent de tout cela, & bien
qu'ils ſoient hays & chaſſez de tout le
monde, neantmoins ils tirent de là vn
argument de benediction & faueur diuine, d'autant que parmy tant d'ennemis,au milieu de tant de perſecutiōs ils
ſe ſont maintenus, & ſe maintiennent
encore en deſpit des attaques & aſſauts
qu'on leur dōne. Les Hiſtoires loüent
les Meſſeniens, de ce qu'eſtās refugiez
en vn pays eſtrange, l'eſpace de trois

D

cens ans, ils n'ont aucunement changé
leur langue ny anciennes couftumes.
On fe doibt bien plus eftonner des
Iuifs, qui depuis tāt de fiecles ont con-
ftamment perfeueré en la creance de
leurs peres. Or toutes ces Religions fe
fondent fur preuues, alleguent leurs
miracles, & chacun prefume que la fiē-
ne eft la meilleure. Ie n'ay pas entre-
pris de vuider ce different. Vn plus
fuffifant que moy y feroit bien empefché. Seulement ie diray qu'elles tendēt
toutes à vne mefme fin, à fçauoir à la
recognoiffance & adoration de la diuinité. Que fi aucunes ne choififfent
pas le bon chemin, ou moyen legitime, c'eft pluftoft par fimplicité & mauuaife inftruction, que par malice, & par
confequent font plus dignes de com-
paffion que de haine. Qu'eft-il befoin
de fe faire la guerre pour la diuerfité
des ceremonies? ie ne diray pas de Re-
ligiō, veu que le principal poinct d'icelle gift en l'adoration de Dieu, qui demande pluftoft le cœur des hommes,
que le culte exterieur & les facrifices,
dont on fait tant de Parades: Non que
ie vueille cōclure au mefpris des cere-

monies; mais ie dis que nous ne devôs
perfecuter ceux qui ne veulent point
embraffer les noftres. Par la loy de
Moyfe il eft defendu de nefdire des
Dieux eftrãgers, & dans le têple de Sa-
lomon on recenoit indifferemmêt les
offrandes des idolatres. Et maintenant
les hômes ruineroient volontiersceux
qui ne s'accordent pas à leur foy. Ils
leur font leur procez,&les côdamnent
par leur difcours nô pas a des fupplices
cômuns , mais à des peines eternelles.
La pieté eft vn trop bô arbre pour pro-
duire de fi mauuais fruicts , côme font
les rancunes, inimitiez & mefdifances.
Cefte vertu,côme toutes autres,doibt
eftre accôpagnee de prudence,de peur
qu'il ne nous arriue côme à Apulee,qui
penfant fe chãger en oifeau,fe vit trãf-
formé en vn afne. Auffi tãdis que nous
tafchôs de môter au ciel par l'ingrediêt
de la Religion,gardôs de tôber en vne
ftupidité & inhumanité brutale. Ie ne
taxe perfonne,& ne fpecifie aucune Religion. Tant y a que plufieurs peuuent
eftre côparez aux côpagnons d'Vlyffe,
qui pêfoiêt auoir trouué vn riche trefor
& ce n'eftoit qu'vn balô plein de vent.

La philautie aueugle vn chacun, & le
metamorphose en vn second Narcis-
se, si bien qu'il se perd de l'amour de
soy mesme : ce pendant la chanson pa-
storalle se verifie :

Souuent la chose laide à l'aimant semble belle,

Encore si nous estions côtens d'aimer
nos coustumes, il n'y auroit pas subiect d'estonnement ny de plainte: mais
en cecy nous sommes dissemblables
aux autres amoureux, qui ne veulent
point de corriuaux. Nous au contraire voulôs que tout le monde embrasse
nos persuasions comme vne regle in-
faillible. Ce vice est familier au simple populas, qui n'a iamais passé la ban-
lieuë de sa ville. Il croit que tous sont
tenus de viure comme luy, & ne prise
que ses coustumes, à la façon de ces
niais d'Athenes, qui estimoient la Lu-
ne de leur pays meilleure que celle des
autres. Les sages & diuins esprits pe-
netrent bien plus loing, & considerent
que l'harmonie du monde est compo-
sée de diuerses humeurs, & que ce qui
est loüable en vn lieu, n'est pas trouué
bon par tout, comme disoit vn gentilhomme Persan à Themistocle. A ce

propos il me fouuient de ce que raconte Ælian, qu'il y a deux villes au nouueau monde bié differentes en Police. En l'vne la iuftice eft obferuee, la paix eft perpetuelle, & pource elle fe nomme Pieufe L'autre s'appelle Vaillante, dont les habitãs font toufiours armez, & font inceffammét la guerre, ne pouuans viure en repos. En tefmoignage dequoy ils trauerferent autresfois l'Ocean pour conquefter ces pays : mais comme ils furent aduertis que les peuples de par deça c'eft à dire de l'Afie, Europe & Afrique s'addonnoient à la religion, ils ne daignerent paffer outre, comme s'ils euffent eu honte d'auoir defcouuert en vn peuple incogneu vne telle niaiferie. On dira de ce conte tout ce qu'on voudra. Il n'importe, pourueu qu'on recognoiffe que les hõmes font fort bigarrez, & que ce qui eft honoré en vn endroict, eft abominé ou moqué en vn autre. Ce qui occafionna à mon aduis quelques Philofophes de fouftenir, que l'honnefteté & turpitude ne confiftoit qu'en phantafie & police humaine. C'eftoient des refueurs. Ie le croy ainfi, fpecialement

en ce qui touche ceste propofition.
Mais ce n'eft pas tout de remarquer les
vices de ceftuy-cy & de ceftuy-là : il
faut confiderer les noftres, & ne point
imiter cefte fee , qui prenoit fes yeux
quand elle entroit au logis de fes voifins, & arriuant en fa maifon elle les pé-
doit à la porte. Que fi la curiofité nous
pouffe à efplucher les deportemens
d'autruy , pour le moins apres auoir
contrerolé fes defectuofitez, iettons la
veuë fur ce qui fe trouuera en luy de
loüable. Ne faifons point comme les
Ophiogenes : Ne fuçeons point le ve-
nin des actions : Ny comme les mouf-
ches qui s'arreftét pluftoft fur les lieux
raboteux & infectez , que fur ceux qui
fót polis & purifiez. Ie croy que ces gés
là qui ne fuiuent pas la vraye Religion
font impies, que leur creance eft abfur-
de & pleine de blafphemes. Si font-ils
pourtant hommes comme nous , for-
mez au mefme moule, & par vn mefme
ouürier: capables de raifon , & des vertus morales qui les peuuét rendre dignes d'amitié & admiration , fi on ne fe
laiffon preoccuper d'opiniaftreté & de
prefomption. Quittons ces deux auor.

tons de noſtre eſprit, ces enfans iume-
aux de noſtre imbecillité, qui ſillent les
yeux de l'entendement humain, & em-
peſchent l'effet des bonnes inclinatiós
que la nature nous donne. Repreſen-
tons nous que la Religion ne conſiſte
pas en paroles ny en actions d'apparé-
ce. Il ne ſuffit pas de dire : I'ay la vraye
foy, i'aſſiſte aux ſacrifices & prieres publiques. Il faut eſtre homme de bien,
auoir la charité, ſans laquelle la foy eſt
ſuperflue. Celuy qui manque de ceſte
vertu, n'a pas la Religion biē emprain-
te dans le cœur. Quelques vns ſeruent
Dieu par hypocriſie : pluſieurs y croyent par ouïr dire & par accouſtumance : mais quand on voit la deuotion
conioincte auec vne douceur & charité, c'eſt ſigne d'vne ame veritablement religieuſe. La pieté eſt incom-
patible auec les animoſitez. Si nous
ſommes au chemin de ſalut, à la bonne heure : eſſayons d'y amener ceux
qui en ſont dehors, par inſtruction, &
bon exemple. Il n'y a point d'autres
moyens d'arracher les erreurs &
mauuaiſes opinions que les hommes
ont conçeu des choſes diuines.

Les mesdisances & detractiós n'y font rien : la force y est inutile. Ne le sçauons-nous pas ? De verité ce seroit le meilleur, qu'il y eust vne seule forme d'adoration, pour ce que la diuersité du culte exterieur diuise les affections des peuples & les induit souuent à se partialiser. Et de fait les sages Princes s'opposent aux nouuelles Religions, qui veulent prendre pied : mais ils endurent celles qui ont desia pullulé, & tiennent ferme par la racine. Au premier cas ils sont poussez de zele, & au second la necessité les oblige,& la certitude de ceste maxime:Que la guerre diminuë la vraye Religion au lieu de l'aduançer, comme estant la source de toutes vilainies, impietez, blasphemes & Atheïsmes,qui trainent pareillemẽt l'estat à perdition.Ie ne diray point cóme Symmaque, qu'il n'importe par quelle maniere on descouure le secret de la diuinité : Encore moins veux-ie soustenir que toutes Religions sont introduites par moyẽs humains, comme a escrit vn Theologal de ce temps, grãd defenseur au reste de l'Eglise Catholique. Qui est proprement les me-

furer toutes à vn meſme pied, & reuoquer les trois veritez en doubte, veu
que tout homme eſt ſubiect à tromper
& à ſe tromper. Certainement il y a
vne confeſſion de foy & forme de ceremonies plus reçeuable que les autres. Mais puiſque ceſt vne grace ſur-
naturelle, il faut qu'elle vienne de Dieu,
& non pas des hommes qui auec toutes leurs armes n'ont pas le pouuoir de
faire croire le moindre article de leurs
myſteres. Ils feront parauanture aller
quelques vns au temple, à la Synago-
guë, & à la Moſquee, mais par telle violence ils les rendront Hypocrites, non
pas fideles. Ceux doncques qui ont la
vraye Religion, qu'ils remerçient Dieu
de ceſte grace: & s'efforçent de la mô-
ſtrer par bônes œuures. Qu'ils ne penſent pas reduire imperieuſement à leur
volonté la creance des autres, en laquelle ils n'ont point d'intereſt, pourueu qu'ils ſe contiennent és bornes de
modeſtie, & ne troublent point la teſte
de la tranquillité publique. C'eſt le but
où il faut viſer. Il n'appartient aux hômes de punir où corriger les defaux
de la foy. C'eſt à faire celuy qui veoit

les cœurs & les plus secrettes pensees.
Les fautes de la volonté sont punissables selon les loix Ciuiles : Celles de
l'entendemét à sçauoir les fausses opinions n'ont que Dieu pour iuge. Aussi
ceux qui ont voulu remuër ceste corde n'y ont rien gaigné. L'Empereur
Charles cinquiesme zelateur de sa Re-
ligió s'il en fut oncques, voulut estou-
fer le Lutheranisme dés sa naissance. Il
employa pour cest effect les forces
d'Hespagne, d'Italie, d'Allemagne &
des Pays-bas. Il gaigna des batailles
sur les Protestans, prit leur chefs pri-
sonniers, & donna tant d'eschec à ceste nouuelle secte, qu'elle estoit sur le
poinct d'estre mattee. Incontinét voi-
cy vn reuers de fortune. Cest Antee
qu'il auoit terrassé redouble sa vigueur
de sa cheute. Vn nouueau ennemy luy
vient sur les bras. Ses partisans se re-
bellent. Il est plus empesché apres sa
victoire qu'auparauant: en somme il est
contrainct pour l'asseurance de son e-
estat d'accorder aux vaincus ce qu'ils
demandoient, la liberté de conscience.
Le mesme est arriué à nos Roys, qui
ont tenté toutes les voyes à eux possi-

bles pour reünir leurs ſubiects à l'ancienne creance. Ils ont pourſuiui les
ennemis d'icelle à feu & à ſang, les ont
mattraſſez en diuerſes rencontres. Au
partir delà, ils ont recogneu qu'il eſtoit
plus aiſé d'entretenir deux Religions
en paix, que d'en conſeruer vne en
guerre, & que telle deſunion de foy ne
preiudicioit point à l'vnion generale.
Auſſi nous voyons que les Turcs viuent paiſiblement, bien qu'ils permet-
tent l'exercice des Religions contraires à la Mahometane. Les Polonois ne
ſe ſcandalizent point de ceſte diuerſi-
té. Et le Roy d'Heſpagne permet aux
Indes la liberté de conſcience. Cecy
ſoit dict pour monſtrer que la difference des Religions ne peut empeſcher la
paix vniuerſelle. Mais ce n'eſt aſſez de
l'eſtablir. Il eſt beſoin de l'aſſeurer à
perpetuité, ce qui eſt tres-difficile. Car
pour faire vn accord, il ne faut qu'vne
bonne inſpiratiõ qui touchera le cœur
des Princes où la perſuaſion d'vn hõme
d'authorité, qui les recõciliera enſemble: & ſouuêtefois la neceſſité les y cõ-
traint, apresqu'ils ſe ſõt haraſſez. Mais il
ſemble que la bónaſſe ne peut eſtre de
lógue duree en l'Ocean de nos affaires,

où les vents imperieux des ambitions
excitent tant d'orages. Posez le cas
que la paix auiourd'huy soit signee,
qu'elle soit publiee en plein theatre du
monde: Que sçauons-nous si la posterité en voudra emologuer les articles?
Les volôtez sont muables,& les actiós
des hommes de ce temps n'obligent
pas leurs successeurs. Pour clorre le
passage à ceste obiection, il suffit se re-
memorer de ce que nous auôs dit touchant les causes de la guerre, lesquelles
n'estans pas considerables pour les rai-
sons cy-dessus alleguees,il n'y a rié qui
puisse occasionner la rupture d'vne
paix. Neantmoins pour en preuenir
les inconueniens,il seroit necessaire de
choisir vne ville, où tous les Souuerains eussent perpetuellement leurs
ambassadeurs , afin que les differés qui
pourroient suruenir fussent vuidez par
le iugement de toute l'assemblee. Les
ambassadeurs de ceux qui seroient in-
teressez exposeroient là les plaintes de
leurs maistres, & les autres deputez en
iugeroient sans passion.Et pour autho-
riser d'auantage le iugement,on pren-
droit aduis des grandes Republiques,

qui auroiët auſſi en ce meſme endroiĉt
leurs agens. Ie dis grandes Republiques, comme celle des Venitiens &
des Suiſſes, & nô pas ces petites Seigneuries, qui ne ſe peuuent maintenir
d'elles meſmes,& dependent de la pro-
teĉtion d'autruy. Que ſi quelqu'vn cô-
treuenoit à l'arreſt d'vne ſi notable côpagnie, il encourroit la diſgrace de
tous les autres Princes, qui auroient
beau moyen de le faire venir à la raiſon. Or le lieu le plus commode pour
vne telle aſſemblee c'eſt le territoire
de Veniſe, pource qu'il eſt côme neu-
tre & indifferent à tous Princes: ioinĉt
auſſi qu'il eſt proche des plus ſignalees
Monarchies de la terre, de celles du
Pape,des deux Empereurs, & du Roy
d'Heſpagne. Il n'eſt pas loing de Frâ-
ce,de Tartarie,Moſchouie, Polongne,
Angleterre,& Dannemarch. Quant à
la Perſe, la Chine, l'Ethiopie, & Indes
orientales & occidentales,ce ſont pays
bien reculez, mais la nauigation ſup-
plee ceſte incommodité, & pour vn ſi
bon ſubieĉt, on ne doibt point refuſer
vn long voyage. Tant y a que ie ne
trouue au monde vn ſeiour plus pro-

pre à vn tel affaire que celuy-là. Mais
la difficulté eſt plùs grande pour le
rang, que l'on donnera auſdits Am-
baſſleurs, qui ne cederont pas volontiers l'vn à l'autre: toutefois ie diray ce
qui m'en ſemble. Non que ie m'eſtime capable d'vn tel arbitrage, mais
d'autant qu'il importe d'eſclaircir ce
poinſt, pour le ſubieſt que nous trait-
tons. Chacun en pourra dire ſon aduis.
Si ie ſuiuois mon affection, & que mes
deſirs euſſent lieu, pour l'honneur que
tout homme de bien doit à ſa religion & à ſon pays, ie ſçay eſtant Catholique & François, ce que ie deurois
opiner là deſſus. Mais il n'eſt pas queſtion de ſonger à ſoy ſeulement, il s'a-
giſt de procurer le bien de la ſocieté
humaine, dont nous ſommes les membres, de ne meſcontenter perſonne, &
donner à vn chacun le rang qu'il merite. Ie parleray donc icy indifferemment, comme ſi i'auois eſté né en la republique imaginaire de Platon, ou en
la region de ſes Idees. Que ſi quelque
monarque trouue que i'ay donné
trop d'aduantage aux autres à ſon
preiudice, ie ſupplieray ſa Maieſté

de croire que ie l'ay fait par ignorance
de fa grandeur, & qu'en cecy ie me fuis
accommodé à l'opinion la plus commune & apparente. Car ie m'affeure
que peu de gens denieront la preſeance au Pape, tant à cauſe de l'honneur
que luy deferent les Princes Chreſtiēs,
& du deuoir qu'ils luy rendēt preſque
tous en faict de ſpiritualité, que pour le
reſpect de l'ancienne Rome, de laquelle il eſt Seigneur temporel , & partant
le premier lieu en toutes aſſemblees
luy appartient ou à ſon Legat. Quant
au ſecond , s'il faut attribuer honneur
aux Princes ſelō la majeſté, puiſſance,
& felicité de leur monarchie, ces qualitez ſe trouuent ſi releuees en l'Empereur des Turcs , que ceſte ſeance nō
luy peut eſtre déniee, attendu meſmes
qu'il tient la ville de Conſtantinople,
ſiege de l'Empire Oriental, qui va de
pair à pair auec Rome : auſſi elle en
porte le nō. Ces conſiderations feront
que l'Empereur Chreſtiē, qui parauanture luy voudroit conteſter ce droict,
ſe contentera du troiſieſme rang, auſſi
volontiers cōme les autres monarques
luy accordent librement ceſte place.

Car encore que les Roys ne tienr ᵊt
leur sceptre que de Dieu, que leur nom
soit auguste, leur personne sacree & inuiolable, neantmoins le tiltre d'Empereur a esté de tout temps estimé plus
specieux & redoutable. Dont-il ap-
pert que ceux-là se sont trompez, qui
ōt escrit que l'Empereur n'estoit qu'vn
simple chef n'ayant non plus d'authorité qu'vn Duc de Venise, & que la souueraineté de l'Empire estoit iadis au
senat & au peuple, & maintenant aux
Estats d'Allemagne. Pour confirmer
leur dire, ils alleguent l'exēple de deux
ou trois Empereurs qui ont esté de-
gradez. Mais cest argument n'est pas
vallable, attendu que nous lisons plusieurs Roys auoir esté priuez sembla-
blemēt de leur sceptre, & neantmoins
leurs successeurs sont recogneus pour
Souuerains. Que si quelques Empereurs ont soubsmis leur puissāce à l'assemblee des estats, s'ils ne font rien
que par leur aduis il ne faut pas con-
clure qu'ils ayent perdu pour cela leur
souueraineté, non plus que les Roys
qui laissent examiner & verifier leurs
edicts par leur Conseil ou Parlement.

Vne.

Vne submiſſion volontaire ne doibt
eſtre tiree en conſequence. Et pour vn
Prince qui s'eſt aſſubietti par modeſtie
ou nonchalance, on en peut alleguer
vne douzaine, qui ſe ſont comportez
autrement, & n'ont pas laiſſé raualer
leur puiſſance. L'election de l'Empereur, le deuoir qu'il rend au Pape, ce
ſont ceremonies, qui ne diminuent
point ſa grandeur. Au ſurplus quand
il eſt queſtion de iuger d'vne choſe, il
faut principalemēt conſiderer ſon origine & premiere inſtitution, & non pas
les mutations qui y ſont ſuruenuës. Or
ſi nous prenons garde aux anciēs Empereurs, nous ne doubterons point
qu'ils n'ayent eſté Souuerains. Iules
Ceſar qui le premier a pris ce tiltre, diſoit que la Republique n'eſtoit plus
qu'vn nom ſans effect, & qu'il falloit
tenir ce qu'il diſoit pour loy inuiolable. Auguſte n'eſtoit pas moins Souuerain, & meſmes le peuple luy ceda
toute ſa puiſſance. Ie diray le ſemblable
des autres Empereurs : Que s'ils prenoient aduis du ſenat, ou iuſtifioient
leurs actions, ce n'eſtoit par obligatiō,
mais par modeſtie ou vraye ou ſimu-

E

lee. Et quelle plus grande marque de
souueraineté voudroit on, que de cō-
mander abfolument, difpofer de tout à
fon plaifir, mefmement de la vie des
fubiects, donner des Royaumes, & n'e-
ftre comptable à perfonne?Les Empereurs ont iouï de tous ces droicts là, &
s'ils ont laiffé abaftardir leur authorité,
il ne s'enfuit pas que le tiltre qu'ils portent eftant confideré en fa nature, ne
fignifie qu'vn Capitaine en chef, comme Bodin a voulu perfuader. Ie fçay
bien que cela eftoit veritable du temps
de la liberté des Romains.Car alors vn
general d'armee eftoit qualifié Empereur, notamment apres auoir emporté quelque fignalee victoire, & n'vfur-
poit que pour vn peu de temps ce tiltre
qui luy feruoit de furnom. Mais Iules
Cefar ayant fupplanté fes ennemis, &
s'eftant emparé de Rome, releua bien
cefte appellation,& prit le tiltre d'Empereur pour vn prenom,afin de le rendre feigneurial: Ce qui luy acquit l'enuie & haine de plufieurs, ainfi que les
Hiftoriens ont remarqué. Mais pour
parler de noftre temps,les Roys n'auroient point d'honneur de ceder,com-
me ils font, à ce Prince, s'ils le recog-

noiſſoient ſimple Lieutenant ou ſubieſt d'vn autre. Les Roys de France y
ont intereſt , qui ont tenu autrefois
l'Empire, voire l'ont acquis au prix de
leurs armes. Au moyen dequoy on ne
leur peut debattre la precedence pour
le moins par deſſus les autres Roys, attendu qu'ils commandent à vn peuple
le plus renōmé qui ſe trouue au monde. Car ſoit que nous parlions des anciens Gaulois, leurs conqueſtes ſont
notoires, & les peuplades qu'ils ont
fait en pluſieurs regions teſmoignent
aſſez leur valeur. Soit que nous iettiōs
les yeux ſur les François qui leur ont
ſuccedé, leur nom eſt encore auiour-
d'huy redoutable, & fameux plus que
aucun autre parmy les nations eſtran-
geres: Qui pour ceſte cauſe quitteront
volontiers le quatrieſme lieu au Monarque d'vn ſi beau Royaume. Apres
luy ie ne feindray point de mettre le
Roy d Heſpagne, qui en puiſſance
& richeſſes , egale les plus grands
Roys , & en eſtenduë de pays les
ſurpaſſe. Le ſixieſme lieu pourroit
eſtre debatu entre les Roys de Perſe,
de la Chine, le Prete-Ian, le Precop de

Tartarie, & le grand Duc de Moſchoüie. Neantmoins quand ie conſidere que les Perſes ont eu iadis à leur tour la Monarchie du monde, & qu'encores auiourd huy ils ont vne bonne partie de leur ancien domaine, i'eſtime qu'ils doiuēt eſtre preferez aux Ethiopiens leſquels auſſi ſemblent deuoir eſtre preferez aux Tartares , pource que l'Empire de ceux-cy n'eſt fondé que depuis trois ou quatre ſiecles: & celuy du Prete-Ian ſe peut vāter de ſon antiquité, outre pluſieurs choſes qui le rēdent recōmandable. Le Roy de la Chine apres le Tartare merite place au cōſiſtoire des Souuerains, pour l'opulence & encore plus pour la belle police de ſon Royaume. Le Duc ou Empereur de Moſchouie l'égale ou le ſurpaſſe en forces. Et les Roys de la grād Bretagne, de Pologne, de Dannemarc, de Suede, du Iapon, de Marroc, le grand Mogoi , & autres Monarques tant des Indes que d'Afrique, ne doiuent pas eſtre aux derniers rangs, tous braues Princes, qui ſe maintiennent d'eux meſmes & ne dependent de perſonne , partant pourroient conteſter

le prix d'honneur auec leurs femblables : toutesfois pource qu'en toutes
affemblees il faut garder vn ordre : io
n'en puis imaginer de meilleur & de
plus raifonnable que celuy que i'ay
propofé. Que fi quelques Princes ne
s'en contentent, qu'ils s'en rapportent
au iugement des autres. Cela ne dimi-
nuera rien de leur authorité , au contraire on les eftimera d'autant plus
loüables , qu'ils fe foubsmettront volontairement à la raifon. Car il ne faut
point dire que la raifon eft au bout de
l'efpee. Cefte rodomontade appartient
aux fauuages. Les anciens Gaulois s'en
font mal trouuez , quand ils refpondi-
rent aux ambaffadeurs Romains , que
tout eftoit aux plus forts. L'iffuë fu-
nefte de leur entreprife, monftre bien
que ceux qui rebutent la raifon pour
maiftreffe, tombent finalement en la
puiffance de leurs ennemis , qui les
maiftrifent bien autremēt, & leur font
fentir, que c'eft de s'affeurer en telles
brauades. Il femble qu'vn Monarque
quel qui foit , ne doibt faire difficulté
de fubir le iugement de tant de Souuerains , non feulement pour ce fubiect,

mais auſſi pour tout autre differẽt
qu'il pourroit auoir à demeſler auec ſes
ſemblables. Et ſi les opinions de l'aſſemblee des Princes où leurs deputez
ſe trouuoiẽt, my parties, & en égale ba-
lance, cõme il peut arriuer, les deputez
des Republiques qui auroient voix de-
liberatiue pourroient alors eſtre ap-
pellez, afin de terminer le debat par le
cõtrepoids de leurs ſuffrages. Et d'autant que pluſieurs Princes ſe trouuent
egaux en maieſté, force, & opulẽce, qui
à ceſte occaſiõ ne voudroiẽt pas ceder
l'vn à l'autre, ie croy qu'en ce cas il ſeroit bon d'ordonner, cõme on faiⱰ en
quelques endroiⱰs, que le premier venu d'entre eux auroit la preſeance, ou
le plus aagé, ou pour mieux faire, il faudroit imiter les Conſuls Romains, qui
cõmandoient chacun à ſon tour : auſſi
on partageroit la preſeance, qui ſeroit
donnee ſucceſſiuemẽt a ceux qui cõte-
ſteroiẽⱰ. Ce ſeroit le moyẽ de retran-
cher tout meſcontentement, mais il ne
ſeroit beſoin de le pratiquer ſinon que
entre ceux qui auroiẽt grãde apparẽce
de conteſter enſemble. Car il n'eſt pas
raiſonnable que le Roy d'vne ville ou

d'vne petite prouince entre en com-
promis pour la seance auec vn Roy de
France ou d'Hespagne : encore moins
vn Duc, Marquis, ou Côte, & m'asseu-
re que les Duc des Florence, Lorraine,
Sauoye, biē qu'ils soiēt Souuerains, s'e-
stimerōt neantmoins honorez d'auoir
place en vne telle asseblee , apres ceux
qui ioüissent du tiltre de Roy , principalement ceux qui ne l'ont point vsur-
pé par ambitiō depuis peu de iours. Si
donc ils ont à debattre la preseance,
cest contre ceux qui portēt semblable
qualité, à sçauoir Ducs, Marquis &
Comtes, entre lesquels ie ne mettray
point icy de difference , pource que
iaçoit que le Duc soit ordinairement
estimé plus que les deux autres, toutefois il arriue souuent au contraire que
le Comte ou Marquis a des Ducs qui
releuent de luy, & partāt il n'est à propos de preferer l'vn à l'autre pour le
regard du nom , mais bien pour autres
considerations , comme pour la reputation, antiquité, puissance, estenduë de
Monarchie , qui sont les principaux
points où il cōuient prendre garde en
matiere d'honneur ou de preseance.

E iiij

Et fuiuant cela les Roys& Empereurs
iugeront les differends entre lefdicts
Princes de moindre qualité,& leur af-
figneront à chacun leur place, laquelle
ils accepteront , comme il eft à prefu-
mer,de bonne volonté.Et qui feroit le
Prince fi temeraire qui ofaft defdire la
compagnie de tous les Monarques du
monde? Les villes de Grece fe rap-
portoient à l'arreft des Amphictyons,
& ceux qui ne leur obeïffoient,encou-
roient l'indignation commune , non
feulement du pays,mais auffi des eftrãgers: comme Philippe de Macedone
fit paroiftre aux Phocenfes, & prit occafion de leur faire vne cruelle guerre,
pource qu'ils auoient efté condamnez
par les Amphictyons . Et les anciens
Princes de Gaule, bien qu'ils euffent
leur Seigneurie & fouueraineté à part,
paffoient leurs differends par l'aduis
des Druides, fur peine d'eftre excom-
muniez & abominez de tout le peuple. Et toutefois iamais Confeil ne fut
fi augufte, ny affemblee fi honorable,
que celle dont nous parlons , laquelle
feroit compofee des ambaffadeurs de
tous les Monarques & Republiques
Souueraines, qui feroient depofitaires

& oſtages de la paix publique. Et pour mieux l'authoriſer, tous leſdicts Princes iureroient de tenir pour loy inuiolable ce qui ſeroit ordonné par la pluralité des voix en ladicte aſſemblee, & de pourſuiure par armes ceux qui s'y voudroient oppoſer. Ceſte côpagnie donc iugeroit les débats qui ſuruiendroient tant pour la preſeance, que pour autre choſe, maintiendroit les vns & les autres en bonne intelligence, iroit au deuant des meſcontentemens,& les appaiſeroit par la voye de douceur,ſi faire ſe pouuoit, ou en cas de neceſſité par la force. Au moyen dequoy la paix eſtant generalement eſtablie entre tous les Princes, il ne reſteroit ſinon que de l'entretenir particulierement en chaque Monarchie : A quoy tous les Souuerains trauailleroient de leur part, & n'auroient pas beaucoup de difficulté à ſe faire obeïr de leur peuple, & le tenir en bride. Car ce qui contrainct les Monarques d'endurer de leur ſubiects, c'eſt la crainte qu'ils ne s'aſſocient des eſtrangers, ou que ceux-cy ne façent profit des diuiſions & querelles entre les ſubiects &

le Prince. Or cefte crainte feroit alors
fuperfluë,pource que par le moyen de
la paix , chacun fe contenteroit de fa
Seigneurie,&ne fongeroit à autre chofe qu'à gouuerner fon peuple. Il feroit
adoré des bons,les mefchans tremble-
roient à fon afpect.Il n'auroit que faire
d'apprehender les rebellions & partialitez,dont-il viendroit à bout auec l'af-
fiftance des autres Souuerains, qui luy
prefteroient vn prompt fecours, comme ayans tous intereft au chaftiment
des rebelles. Et ainfi les Princes rece-
uroiét le principal fruict de la paix vni-
uerfelle.Car ils ont beau faire enl'eftat
où ils font. Qu'ils fe fortifient d'alliance tant qu'ils voudront,qu'ils baftiffent
des citadelles , & s'arment de tous co-
ftez,ils auront toufiours dequoy craindre, s'ils ne confpirent vnanimemét à
vne cócorde generale. Il ne faut qu'vn
Prince ennemy pour les depofſeder,&
non feulement vn voifin , mais bien
fouuent vn peuple reculé dont on fe
doubtoit le moins eft capable de ruiner vne Monarchie. Le nom des Ma-
cedoniens eftoit obfcur & incogneu,
iufques au téps de Philippe & Alexan-

dre, qui affubiettirét tout l'Orient. Les
Gots s'eſtoient tenus clos & couuerts
en vn coing d'Allemagne, iuſques au
regne de Valentinian : lors ils cōmen-
cerent à courir le pays auec vn tel fuc-
cez, qu'ils firent en peu d'annees vne
raffle de l'EmpireRomain. Les Anglois
n'eſtoient eſtimez non plus que des pirates au meſme temps, qui s'empareĩēt
neantmoins de la grand Bretagne. Il
n'y a pas quatorze cens ans qu'on parle des François. Les Turcs ſe ſont eſ-
ueillez du temps de l'Empereur Baſile,
& plus encore ſoubs Cōſtantin le gla-
diateur. Les Tartares depuis trois ou
quatre cens ans ont faict parler d'eux:
Si lors que ces gens là ſortirent de
leur pays, la paix euſt eſté generale,
on les euſt bien empeſché de s'e-
ſtendre ſi auant, comme ils ont faict.
On euſt couru ſur eux de toutes parts,
& n'euſſent pas eſté baſtans pour re-
ſiſter aux armes aſſociees de l'vniuers.
Mais ils ſe voyoient beau ieu parmy
les diuiſions des peuples, qui eſtoient
bien aiſes de veoir ruiner leurs voi-
ſins, & les abandonnoient au beſoing,
faute d'alliance & amitié mutuelle.

Craignons qu'il ne nous arriue ce que nous auons faict aux autres. Nous ne cognoiſſons pas encore tous les païs de la terre habitable. Il y a peut-eſtre quelque peuple vers l'occident ou mi-di, qui nous taille de la beſongne. Qui euſt dict il y a cent cinquante ans aux Ameriquains, que des hommes barbus viendroient bientoſt conqueſter leur païs; ils n'euſſent tenu compte de cét aduertiſſemét & s'en fuſſent moquez. En vn moment ils ont veu ce quils n'a-uoient pas preueu , & auparauant que d'oüir le nom des Heſpagnols ils en ont eſprouué la puiſſance, ne plus ne ne moins qu'vn eſclair paroiſt deuant le grondement du tonnerre. La di-ſtance des lieux, la difficulté des che-mins, la largeur de cét effroyable Oceā qui leur ſeruoit de rempart naturel, ne les a ſceu guarantir d'vne ruine, qui ſe-roit incroyable, ſi nous n'en apperce-uions les effects. Cas eſtrange! De veoir trois cens hommes entrer en vn païs incogneu , abondant en ri-cheſſes & en peuple y baſtir des forts ſans contredict, puis impoſer la loy à tāt de milliarts d'hómes, prédre & tuer

leurs Roys,& finalemēt reduire vn se-
cōd mōde en miserable seruitude.cela
surpasse toute creance. C'estoient des
coyons , dirons nous , qui n'auoient
point de courage ny valeur. Tout
beau. Les Histoires ne parlent pas
ainsi d'eux: au contraire elles tesmoig-
nent que la plus part de ces peuples
estoit fort addonnee à l'exercice des
armes. Et quand ils eussent esté foibles en toutes façons il est certain que
Cortez auecques neuf cens Hespagnols n'estoit pas capable de vaincre
ceux de Mexique , s'il n'eust esté fauo-
risé de leurs ennemis, qui l'assisterent
de deux cens mil hómes , en sorte que
les partialitez de ceux du pays ouuri-
rent la porte aux estrangers , qui sup-
planterent les vns & les autres.Que si
les estats de ce grand monde nouueau
eussent esté pacifiques , si ceux qui y
commandoient se fussent contentez
de leur Seigneurie,ils iouïroient encore d'vne pleine liberté. Mais ils ne
pouuoient viure à leur aise , s'ils ne
mangeoient les corps de leurs voisins:
ils vouloient auoir l'honneur de les
ranger soubs leur obeïssance, & esten-

dre leur Monarchie tant que leurs ia-
uelots pourroient atteindre. Ceste ambition les a ruinés. Qui monstre suffi-
samment, que rien ne peut asseurer vn
Empire, sinon vne paix generale, de laquelle le principal ressort consiste en la
limitation des Monarchies, afin que
chaque Prince se contienne és limites
des terres qu'il possede à present, &
qu'il ne les outrepasse pour aucunes
pretentions. Et s'il se trouue offensé
par vn tel reglement, qu'il considere
que les bornes des Royaumes & Seigneuries sôt mises par la main de Dieu,
qui les oste & transfere quand & où
bon luy semble : que si son pere ou
ayeul a esté puissant, ses grands bis-
ayeuls & ancestres plus esloignez ont
mené vne vie priuee : partant qu'il ne
songe point à recouurer ce que Dieu
auoit presté à sa race pour vn temps :
mais plustost à côseruer ce qui luy reste
qu'il n'hazarde point le certain pour
l'incertain : bref, pour retourner à nostre propos, s'il a quelques occasions
de se plaindre, qu'il s'addresse à ceste
grande assemblee, comme au plus
competent iuge qu'on sçauroit ima-

giner. Voila le principal moyen d'e-
ftablir la paix vniuerſelle, & duquel
tous les autres dependent. C'eſt par
là qu'on doibt commencer. Car tant
que les Souuerains feront bande à
part, qu'ils n'auront aucune communication enſemble par l'entremiſe de
leurs ambaſſadeurs, ils taſcheront de
s'aggrandir à quelque prix que ce ſoit,
& trouueront aſſez de pretexte pour
empieter les vns ſur les autres. Mais
s'ils ſe contentent de leur fortune
preſente, s'ils donnent au public
leurs pretentions, comme ils doiuent
faire, s'ils s'vniſſent au corps de ceſte aſſemblee, de laquelle ils ſont les
membres, il n'y a rien qui puiſſe retarder vne bonne paix, ny la rompre. Ne
faut point dire, que les meſchans l'em-
peſcheront, & qu'ils ſont en plus
grand nombre que les gens de bien.
Ceſte propoſition eſt fauſſe, & ſi elle eſtoit vrayé, tout ſeroit perdu.
Que ne fait vne meſchanceté quand
elle a la force ? Quand ie me re-
mets deuant les yeux l'eſtat des affaires humaines, ie trouué que les
hommes ſont diuiſez en trois parts

qui font à peu prés égales en nombre:
Et cefte diuifion fe peut remarquer en
chaque prouince, ville, & village où
nous voyons quelques vns mefchans,
les autres gens de bien, & les autres
imbecilles. Soubs le nom d'imbecilles ie comprends ceux qui font foibles
de corps & d'efprit, principalement les
timides, lefquels ie fepare d'auec les
bons, pour autant que la timidité em-
pefche vne infinité de vertueufes a-
ctions : c'eft pourquoy vn ancien pro-
uerbe nous aduertit de ne point nous
accofter des pufillanimes. Et de vray
telles gens ne font ny bien ny mal, &
fe rangent toufiours du cofté des plus
forts. Quant aux mefchans, ils n'ofent
faire paroiftre leur mauuaife volonté,
s'ils n'ont vn chef qui les authorife.
C'eft alors qu'ils fe mettent en campagne : autrement leur effort comme
celuy des voleurs eft de peu de duree.
Comment pourront-ils donc empefcher vne paix, quand ils verront tous
les Princes affiftez des gens de bien,
qui ne leur manqueront iamais pour
ce fubiect, & outre du populas imbe-
cille, qui ne demande pas moins le repos?

pos ? Sans doubte les deux tiers emporteront l'autre , & vous verrez tous
ces fierabras foupples comme vn gand
au commandement de leurs Monarques. Qu'on publie feulement la paix
De par le Roy. Ces paroles leur feront
tomber les armes des mains. Il y auroit peut-eftre quelque difficulté de
ramener à vne vie paifible les Turcs &
les Tartares, qui ne font volontiers autre exercice que la guerre : mais ces
peuples portent tant d'obeïfance à
leurs Princes , que les voyans refolus à
la paix , ils ne leur oferont contredire.
Ces deux Monarques n'ōt point d'occafion de faire la guerre, veu qu'ils ont
vn fi bel Empire. Et que feront-ils
quand ils verront tous les autres Princes d'accord ? Non, non. Il n'eft plus
temps de s'imaginer des trophees. Il
raut quitter ces meurs barbares , &
monftrer au peuple le chemin d'humanité & vray honneur, afin qu'on ne viue plus d'vne façon brutale. Il faut faire regner la raifon & iuftice, & non pas
la violence, qui ne conuient qu'aux beftes. On a efté par le paffé prodigue de
la vie des hōmes. On veu vn deluge

vniuerfel de leur fang, capable d'em-
pourprer la mer & la terre. Bafte. C'e-
ftoit vne faignee neceffaire pour pur-
ger le monde de fes humeurs vitieufes
ou fuperfluës, & Dieu fe vouloit feruir de ce moyen, pour eftablir les Monarchies. Maintenant qu'elles font ap-
puyees fur les pilotis d'vne lōgue pof-
feffion, il ne les faut esbrâler, mais pluftoft les affermir par vne bonne paix.
Le grand Solyman, donnoit liberalement des Royaumes, difant qu'il eftoit
raffafié de tant de gloire que la vertu
de fes predeceffeurs & la fienne luy
auoit acquife. Peut-eftre il auoit appris cela de Cæfar, qui eftoit attedié
de triomphes, & n'en vouloit plus.
Quoy que ce foit il faut fe laffer de
mal-faire. Remettons l'efpee au fourreau. Il n'eft pas queftion d'exercer
des inimitiez immortelles. Nous a-
uons excité affez d'orages. Il eft
temps de donner le calme & la fereni-
té à ce grand Ocean, en y iettant l'hui-
le de reconciliation parfaite. Cela depend des vos Majeftez, Grands Monarques. Vous pouuez appaifer tous
les troubles du monde, & ranger vos

peuples à l'obeïſſance des loix de nature, & des voſtres. Que demandez
vous d'auantage ? La paix vous entretient en grandeur, en reſpeét, & en
ſeureté : au contraire la guerre diminuë toutes ces choſes, & ſouuent les
oſte tout à faiét, auec l'honneur & la
vie. Quant vous auriez ſubiugué tout
le monde, ce qui n'eſt iamais arriué à
perſonne, & iamais n'arriuera, en
fin vous ſeriez contrainéts de vous re-
poſer, attendu que la guerre ſe fait
pour auoir la paix. Ce que vous fe-
riez en la Monarchie de l'vniuers, fai-
tes-le en celle qui eſt entre vos mains.
Vous voyez le peu de profit que vous
faites par armes, & ſi vous gaignez
quelque ville, dans peu de temps vous
la perdez, ou bien vne autre qui valoit mieux : & ſouuent apres auoir
deffaiét vos ennemis, rauagé leurs
terres, la neceſſité vous force d'en-
tendre à vne paix, ou trefue, par faute de viures, ou par vne maladie, qui
depeuple vne armee, & faiét perdre
le fruiét d'vne conqueſte laborieuſe, laquelle couſte ordinairement plus
cher, que ſi on l'euſt acheptee à beaux

deniers côtens. A ce propos il me fouuient de celuy qui difoit au Roy de
Portugal, lors qu'il deliberoit de paſſer
en Afrique, que pour vne telle expe-
dition, il falloit vn monde d'hommes,
vn monde d'argēt & de viures. C'eſtoit
bien repreſenter en peu de mots les
difficultez & hazards de la guerre.
Octauian Auguſte, le plus grand Monarque qui fut iamais, ne conſeilloit
point d'entreprendre vne guerre, s'il
n'y auoit plus de profit en gaignant la
victoire, que de dommage en la per-
dant, & diſoit que faire autrement
c'eſtoit peſcher auec vn hameçon d'or.
C'eſt pourquoy les Scythes manderēt
à Cyrus Roy de Perſe, qu'ils s'eſton-
noient qu'vn ſi riche Prince les attaquoit de gayeté de cœur, ſans auoir
eſté aucunement offenſé, veu qu'il ha-
zardoit en ce faiſant ſon eſtat, pour
auoir vn meſchant pays, où il n'y auoit
rien à gaigner, partant qu'ils n'atten-
droient point ſa venuë & qu'ils iroient
volontiers au deuāt, puiſqu'ils voyoiēt
l'eſperance d'vn ſi beau butin : à quoy
ils ne manquerent pas. Les Suiſſes faiſoient la meſme remonſtrance au der-

nier Duc de Bourgongne. Si d'auanture vous nous furmontez, luy difoiẽt
ces pauures gens, vous n'en amende-
rez pas beaucoup, attendu que les
efperons de vos gensdarmes & les
mords de bride de leurs cheuaux, valent plus que toute noftre cheuance.
Cela doibt feruir d'aduertiffement à
tous Princes, principalement aux plus
puiffans, de ne tenter point la fortune
de la guerre, qui peut diminuer pluftoft leur Empire, que l'aggrandir.
Qu'ils ne defirent donc point de hou-
uelles Seigneuries, de peur qu'ils ne
perdent les prefentes. Ils ont acquis
vne felicité : Il ne refte que de la mefnager, à l'exemple d'Augufte, lequel
ayant pacifié les troubles, fe mit à faire
de bonnes loix, & voyant qu'il eftoit
affeuré côtre l'eftranger, pouruẽut aux
defordres qui pouuoient arriuer au dedans de fon Empire. Car ce n'eft pas
affez d'empefcher le mal de dehors : le
domeftique eft plus à craindre. Apres
donc qqeles Princes feront tous d'accord, chacun d'eux pouruoiera aux affaires de fa Monarchie, à ce que les
deportemens de fes fubiects n'enta-

ment poinct le corps de ceste vnion,
que nous taschons moyenner. Ce
faisant, non seulement il obligera le
public, en trauaillant de sa part à
l'entretien de la paix generale, mais
aussi il asseurera son estat, preuenant
par vne bonne police les inconueniens qu'apporte le desreiglement des
mœurs & licence effrenee. Ie ferois
du Philosophe, si ie mettois en auant
les enseignemens notables sur ce subiect : mais il n'est besoin de retracer
vn discours dont les liures sont rem-
plis. Ie toucheray seulement sept ou
huict poincts, qui me semblent neces-
faires, pour contenir les peuples en
leur debuoir, & leur oster toute occasion de tumulte : à sçauoir vn gouuernement moderé, punition des malefices, recompense des merites, nourriture des pauures, reglement de procez, prouision publique de grains, recreation licite, & la Censure. Vn estat
se porte bien, quand toutes ces choses s'y rencontrent : dont la premiere importe grandement, tant pour le
salut du peuple, que pour celuy du Monarque. Car il ne peut estre asseuré en-

tre ſes ſubiects, s'il ne gaigne leur affection par vn gouuernement reglé ſelon les loix de la raiſon naturelle, à laquelle tout hôme ſans exception doit
obeïſſance. Et ceſte ſubmiſſion ne deroge point à la ſouueraineté, au contraire elle affranchit vn homme des
vices qui luy cauſent vne faſcheuſe ſer-
uitude. C'eſt regner, que de commander à ſes cupiditez : Chacun peut gaigner aiſemét vne telle monarchie, mais
les Princes en doibuent eſtre d'autant
plus ſoigneux, qu'ils ont vne puiſſance abſoluë. Theopompe Roy Lacede-
monien n'auoit pas beſoing d'eſtablir
des Ephores pour le contreroler. Il
deuoit pluſtoſt ſe donner la loy, que
de la reçeuoir de ceux qui pouuoient
faillir autant que luy. L'authorité
Royale ne depend d'aucun ſuperieur:
Auſſi elle demande vn naturel noble,
vertueux, qui conforme ſon gouuernement à celuy du grand Souuerain,
& ne preſte point l'oreille à ces flatteurs, qui font à croire aux Princes que
tout leur eſt permis, & les incitent à la
tyrannie, comme ſi eſtre Empereur
ou Roy n'eſtoit autre choſe que piller,

maſſacrer, paillarder, & faire mal en
toute aſſeurance à la façon des voleurs.
Le Monarque legitime ne ſe compor-
te pas ainſi, & conſidere que le plus
grand honneur qui luy puiſſe arriuer
c'eſt s'abſtenir de mal faire en ayant la
puiſſance, & qu'il ne doibt traicter ſes
ſubiects comme eſclaues, ou pour le
moins imiter les Parthes, qui cheriſ-
ſoient leurs ſeruiteurs comme leurs
propres enfans. Ce qu'il fera en eſ-
pargnant leur vie, leur honneur, &
leur bien. On cognoiſt en l'vſage de
ces trois choſes la difference entre le
tyran & le Prince legitime. Ceſtuy-cy
laiſſe iouir ſes ſubiects paiſiblement de
leurs poſſeſſiós : que s'il en tire du profit, c'eſt pour ſubuenir aux neceſſitez
publiques, & non pas pour entretenir
ſes plaiſirs. Il n'attente point ſur leur
vie, il ne fait point breſche à leur honneur en la perſonne de leurs femmes.
Le Prince tyrannique ſe iouë de tout
cela, & croit que ſa felicité giſt en la
violence. En quoy il s'abuſe. Car vn
Empire violent reſſemble aux torrens
rapides qui ne font que paſſer, & celuy
qui eſt moderé, à ces petites pluyes qui

arrousent doucement la terre, & durent longuement. Aussi vn bon Prince gaignant le cœur de ses subiects n'a que faire de craindre de leur part. Le tyran est plein de deffiance, voyant qu'il est hay iustement des siens, qui cherchent occasion de s'en deffaire. Et c'est ce qui a ruiné en partie les Roys & Potentats des terres neufues, d'autant qu'ils tourmentoient leurs subiects de couruees intolerables, & les gouvernoient comme bestes, occasion pourquoy ces pauures malheureux ne firét pas beaucoup de resistance aux Hespagnols, qui leur donnoient esperance de meilleur traichement. Que le Prince se serue de ses subiects auec le plus de moderation qu'il pourra, qu'il ne tourmente point leurs corps, dont-il a affaire, qu'il n'exige point des tributs insupportables, attendu qu'il ne peut auoir profit n'y honneur en la pauureté de son peuple: qu'il chasse de sa cour les flatteurs & inventeurs de subsides, qui corrompent la bonté naturelle des Monarques, & les mettent en mauuais mesnage auec leurs subiects. C'est par ces gens-là qu'il faut commencer la

punition des malefices qui eſt le ſecõd
expedient pour maintenir la paix. La
douceur eſt bien requiſe en celuy qui
commande, mais en icelle comme en
toute autre choſe il faut garder medio-
crité: autrement elle eſt preiudiciable.
Et afin de ne point abuſer des paroles,
ce n'eſt pas douceur que pardonner
aux meſchans: c'eſt cruauté, pource
quel'impunité les rend audacieux, &
fomente leur malice. Archidamidas
voyant qu'on loüoit Charilaüs Roy de
Sparte à cauſe de ſa clemence, Comment ſeroit-il bon Prince, dit-il, veu
qu'il n'eſt point ennemy des meſchãs?
Il auoit raiſon. Car vn homme de bien
naturellement abhorre le vice: Ce qui
eſt notamment loüable en vn Monarque, comme en Alexandre Seuere, qui
hayſſoit tant les larrons, qu'il ne les
pouuoit ſeulement regarder ſans nau-
ſee. Et l'Empereur d'Orient Andronique, bien qu'il fut d'ailleurs reprehen-
ſible, auoit neantmoins ceſte vertu de
punir rigoureuſement des crimes, &
cõtenoit tout le monde en ſon deuoir,
ſpecialement les gouuerneurs & officiers qui eſtoient contrainꞓts de marcher droiꞓt, ſi bien que le peuple ne fut

iamais fi content. Mais le faiⱷ de Iu-
ſtin fecond eſt notable , lequel voyant
les outrages que le peuple enduroit
des grands , ſe reſolut d'y remedier : à
ceſte fin crea vn grand Preuoſt, auquel
il donna la Souueraine authorité de
iuſtice. Ceſtuy-cy ne fut pas ſi toſt en-
tré en l'exercice de ſa charge , qu'il fut
aduerti de l'iniure qu'auoit faiⱷt vn Seigneur qualifié à vn pauure homme. Il
luy enuoya faire commandement de
cōparoiſtre par deuant luy, & d'autant
qu'il n'en tenoit compte, l'alla querir
iuſques dans le Palais : & encore qu'il
fuſt à la table de l'Empereur, neantmoins à la veuë d'iceluy il emmena le
criminel, & luy fit ſon procez, ſans em-
peſchement ou oppoſition quelcon-
que. O ſi cela eſtoit pratiqué , qu'vn
Eſtat ſeroit heureux ! qu'vn Prince ſeroit aimé des ſiens, & honoré des eſtrā-
gers! Ce n'eſt rien que d'auoir vn Royaume : ſi la iuſtice n'y eſt gardee, ſi les
principaux officiers ne ſont rangez à
leur deuoir, il perd ſon nō, & deuiēt vn
brigandage. Ne ſçauons nous pas que
l'Empereur Romain a perdu preſque
toute ſa Monarchie par la faute de ſes
Lieutenās, qui tyrāniſoiēt ſes ſubieⱷts?

S'il les eust chastié, sur les iustes plaintes qu'on faisoit d'eux, son Empire ne
seroit reduict au petit pied comme il
est à present. Qu'est-il besoin de nommer les autres, qui ont perdu les plus
beaux fleurons de leur couronne par
l'insolence de leurs officiers? Vn Prince doibt auoir l'œil sur les deportemés
de tous ses subiects, mais particulierement il est responsable de ceux à qui il
donne les grandes charges. Toutes
leurs actions, bonnes ou mauuaises,
luy sont imputees. Ceux-cy estans re-
glez il est aisé de venir à bout du reste,
& n'y a si meschant ny desesperé, qui
ne treble, quand il voit punir vn magi-
strat, vn Capitaine, ou autres personnes
de qualité. C'est le plus bel œuure d'vn
Monarque de predre en sa protection
le menu peuple, & le garantir de l'oppression des grands, qui abusent de
leur force, & ne l'employent qu'à violenter les plus foibles. Quant aux autres petits voleurs & meurtriers, il les
faut aussi punir sans remission. Et d'autant qu'ils ont accoustumé apres auoir
faict leur coup, de quitter le pays, il
faudroit leur ioüer vn pareil tour, que

fit Mahomet fecond au maffacreur de
Iulian de Medicis, qui s'eftoit retiré à
Conftantinople. Le grand Seigneur
le renuoya lié & garotté à Florence.
Par ce moyen les mefchans feroient
bien eftônez, voyans que tout le monde leur fermeroit la porte, & qu'ils
n'auroient aucun afyle. Ie fçay qu'il ne
faut pas chaffer les eftrangers, & que
c'eft l'honneur d'vn Monarque de reçeuoir amiablemét ceux qui implorét
fa mifericorde, & fe mettent foubs fa
protection : mais cela fe doibt entêdre
des marchands, ou de ceux qui font af-
fligez, & pourfuiuis à tort, non pas des
traiftres, feditieux & affafins, qui
troublent le repos public, & tiennent
le premier rang entre les mefchans.
Telles peftes font indignes de com-
paffion. Et qui voudroit auoir de tels
hoftes ? Comment vn Roy feroit-il
affeuré, s'il reçeuoit ceux qui auroient
fait banqueroute à leur patrie ? I'en-
tends les feditieux, en la punition def-
quels tous les Monarques ont intereft,
tant s'en faut qu'ils leur doibuent donner aucun lieu de refuge. Autrement
ils attirent vn malheur fur leur eftat, &

donnent occasion à leurs propres subiects de tramer hardimēt quelque nou-
ueauté. Certainemēt il n'y a crime plus
puniſſable que la ſedition, ny qui aye
beſoin de plus de precautions, pour
autant qu'elle eſt fort diuerſe & a pluſieurs viſages. Tantoſt elle mōſtre vne
face riante, qui promet vne douce liberté, tantoſt elle ſe pare d'vn habit Religieux, ou d'vn maſque de iuſtice. Aucunefois elle n'a qu'vne teſte, & ailleurs
(choſe mōſtrueuſe) vous luy en voyez
cent mille. Faut eſclarcir les particula-
ritez de ce mal, afin de luy appliquer
plus aiſement les remedes. Il eſt certain que toutes ſeditions ſe formēt ou
par l'entrepriſe ambitieuſe de quelque
chef & conducteur remuant, ou par
vne eſmotion generale du peuple. Vn
particulier ſeditieux deſcouure ſon
ambition directement, ou oblique-
ment. Directement, lors que de viue
force il veut empieter l'Eſtat, à quoy
pluſieurs occaſions luy peuuēt frayer
chemin, notamment l'imbecillité de
celuy qui cōmande. C'eſt ce qui a perdu Childeric le dernier des Merouingi-
ens, qui fut confiné en vn cloiſtre par

Pepin, du confentement des François,
à caufe de fa nonchalance. Pour vn
mefme fubiect Charles le fimple a efté
degradé, & fa pofterité n'a pas efté plus
heureufe. Le remede de ce mal depéd
du Prince qui en eft la caufe. Qu'il fe
face aimer par fa bonté, refpecter par
fa vertu, il fe garantira de toutes en-
treprifes. Mais s'il fe laiffe emporter
aux violentes paffions de cupidité &
de cholere, il court fortune, & encore
plus s'il fe rend contemptible par vne
vie oifiue & effeminee. Alors les eftrá-
gers luy feront la loy, fes fubiects s'e-
manciperont de fon obeïffance, principalement ceux qui auront quelque
credit & authorité, cóme il arriua auffi
à nos Roys fur le declin de la race de
Charlemagne, quand la France fut def-
mébree par l'ambitió des gouuerneurs
qui s'impatroniferent de leurs prouinces, abufans de la fimplicité de leurs
maiftres. Et au mefme temps quelques
Seigneurs d'Italie fe cantonnerent, &
s'approprierent les places où ils auoiét
cómandement, cóme les Ducs de Be-
neuét, de Friul & de Spolete: ce que les
autres depuis ont fait à leur exemple,

au grand mespris & dommage des Empereurs. Il est vray que les affaires qu'ils auoient au pays de leur residence, auec la disgrace des Papes, les empeschoient beaucoup de rembarer ces roitelets : car vn peuple reuesche & libertin est mal aisé a tenir quand il ne voit point son Prince, & secoue le ioug à la premiere commodité qui se presente. Les Empereurs Grecs l'ont esprouué, qui ont esté contraincts d'abandonner l'Italie, & permettre à vn Goth Theodoric de s'en declarer Roy, ne pouuans la retenir pour eux. Les Roys de France & d'Allemagne apres la chasse des Lombards, n'y ont pas mieux faict leurs affaires, & ont cogneu que le sommet des Alpes estoit trop haut pour faire voler leur authorité par dessus : Que si par quelque vent de fortune elle a esté poussee iusques là, elle n'y a pas demeuré long temps. Pour confirmer ce propos de l'Historien, *Qu'il est plus malaisé de garder vne prouince que de la subiuguer :* attendu que la conqueste ne gist qu'en la force. Mais la conseruation depend encore de la prudence des victorieux,

d'vne

d'vne felicité continuelle, & de la bonne affection des fubiects, qui font trois
chofes bien rares: principalement cefte
derniere, en laquelle il n'y a pas beaucoup d'affeurance, fi la perfonne du
Prince eft efloignee de fon peuple, côme il aduient neceffairement en vne
grande Monarchie, dont les pieces ne
font pas iointes enfemble. Car il eft
mal-aylé d'aymer ou refpecter vne
chofe qu'on ne voit point. Ce qui occafionna les Hefpagnols d'offrir leur
Royaume au Duc de Calabre, voyans
que Charles cinquiefme leur legitime
feigneur eftoit difpofé à caufe de fa
dignité Imperiale de refider en Allemagne. Et n'y a rien à mon aduis qui
aye plus enhardy les Flamans & Hol-
landois de fe mutiner contre Philippe
fecond Roy d'Hefpagne, que la crainte d'eftre expofez à l'auarice & cruauté
de fes Lieutenans. Ils confideroient
que telles gens ont accouftumé de fe
licentier, quand ils fe voyent efloignez
de leur maiftre, auquel ils font fouuentesfois paffer la plume par le bec. Occafion pourquoy le Roy d'Hefpagne
n'a point de Viceroy aux Indes qui y

demeure plus de trois ans , fçachant
bien que l'homme affriandé à la domination , fe laifte facilement emporter
à l'entreprife d'vne vfurpation & defe-
ction manifefte.Dont il ne faut pas s'e-
ftonner , puis que l'ambition arme le
fils contre le pere. Henry Roy d'Angleterre fut attaqué par fes enfans à la
fufcitation de fa femme Eleonor.Loys
onziefme donna bien des affaires à
Charles feptiefme. Loys premier fut
encore plus mal traitté par fes enfans,
qui le depoffederent & mirent en vn
Monaftere. Henry cinquiefme ofta
l'Empire à fon pere : Andronique le
ieune à fon ayeul. Adolf emprifonna
fon pere Arnaul Duc de Gueldres : &
comme le Duc de Bourgongne taf-
choit de les accorder moyennant fix
mille florins de penfion & le tiltre de
Duc qui demeureroit au bon homme
durant fa vie, le refte eftant en la libre difpofition d'Adolf , *i'aymerois*
mieux, dit ce fils defnaturé, *auoir ietté*
mon pere en vn puits , & m'eftre ietté
apres , qu'auoir faiƈ ceƈ appointememt.
Il y a quarante trois ans qu'il eƈ Duc : il eƈ
bien temps que ie le fois. Volontiers luy lair-

ray-ie trois mille florins par an , à condition qu'il n'entre iamais dans la Duché.
L'ambition est aueugle, elle n'a aucun
respect d'amitié ny de parenté. Le
Preste-Ian preuoyant cela, tient enfermez dans vn chasteau tous les Princes de sa race, de peur qu'ils n'attirent
par leur authorité ses subiects, à quelque rebellion. Mais telle coustume
est barbare , & encore plus celle des
Ottomans, qui font mourir leurs fre-
res afin de regner plus librement.
Vn Monarque asseurera bien son estat
sans toutes ces cruautez. En qui se
pourra-il fier , s'il s'estrange de ses
enfans ? Qui luy sera amy s'il se def-
faict de ses plus proches ? Ne vaut-
il pas mieux gaigner leur affection, &
leur donner vn appointement conuenable à leur qualité , suiuant l'exemple des anciens Empereurs , qui
faisoient part de la souueraine puissance à leurs prochains heritiers , &
les admettoient pour compagnons en
l'Empire, afin de leur oster tout mes-
contentement?Ce seroit chose estrange & monstrueuse de voir vn Em-

attaqué par son fils ou son frere, ausquels il feroit tant d'honneur & si bon
traictement. Ie sçay bien qu'on accuse
Loys le debonnaire d'imprudence d'a-
uoir trop aduancé ses enfans: mais son
malheur ne vint pas de là. Le peu de
capacité qu'il auoit aux affaires du
monde, la cruauté dont il vsa à l'endroit de son nepueu Bernard Roy d'I-
talie, & autres Seigneurs qui l'auoient
assisté, l'affection qu'il portoit à son fils
dernier, au mespris de ceux du premier lict, auec l'arrogance de sa secon-
de femme qui disposoit à son plaisir de
luy & du Royaume, furent les principaux motifs de la rebellion. En somme, à vn tel exemple i'en puis opposer
dix totalement contraires, qui mon-
strent que le bon sang ne peut mentir,
& qu'il est moins dangereux à vn Roy
d'entretenir vn Prince de sa race, que
d'esleuer les estrangers. Car ceux-cy
ayans moins d'obligation naturelle au
Souuerain, luy portent aussi moindre
affection, si bien que le desir de regner
les pousse plus facilement à entreprendre contre l'estat, quand ils ont la force en main, & quelque beau pretexte.

C'eſt l'ordinaire des ambitieux de pal-
lier leurs deſſeings d'vne apparence de
zele & charité, d'auoir le bien public &
reformatiõ de l'eſtat en la bouche, mais
l'experience a touſiours monſtré qu'ils
n'auoient rien moins dans le cœur. Et
comment ſeroit-il poſſible que les
grands vouluſſent procurer le ſoulage-
ment du peuple puis qu'ils le foulét
aux pieds, & ne font non plus ſcrupu-
le de battre ou tourméter vn villageois
& habitant de ville, que ſi c'eſtoit vn
chien, ou quelque beſte de voiture?
Et pour rendre telle iniuſtice plus legere, tournent en deriſion ces noms
de Bourgeois, contadin & manant, leſquels ils ont en tel meſpris, qu'ils rebutent leur conuerſation, ſe ſcandaliſent
de leur rençontre, & ſe deſguiſent en
toutes façons, afin de ne point reſſem-
bler à ceux qu'ils appellent vilains. Ils
voudroient n'auoir rien de commun
auec eux. Ils ſont faſchez de reſpirer
vn meſme air, d'auoir vne meſme figure. Ils formeroient volontiers com-
plainte de ce que Dieu a donné eſgal-
lement à tous vn meſme Ciel pour aſ-
peçt, vne meſme terre pour fondemét.

Vn peuple feroit bien fot, de feconder
l'ambition de telles gens. Auffi les vil-
·les ne les veulent point receuoir , les
payfans fuyent deuant eux, il n'y a que
les mal-contens qui les fuiuent. Ceux
qui ont acquis reputation de pieté ont
beaucoup plus de credit enuers le peuple pour l'induire à quelque nouueau-
té. Tefmoing l'Hermite Schacoculis,
qui apres auoir bien ioüé fon perfonnage l'efpace de 7. ans en vn defert, où il
eftoit vifité comme vn fainct homme,
mefmement par l'Empereur Baiazeth,
qui luy enuoyoit des prefens , finalement leua le mafque, & fe declarant autheur d'vne nouuelle fecte, amaffa tãt
de partifans, qu'à l'ayde d'iceux il s'em-
para de plufieurs villes, défit vn Bafcha
& le fils de Baiazeth , & euft paffé bien
plus outre s'il n'euft irrité le Sophi.
Quelque temps apres vn certain Ca-
lender par vne deuotion fimulee ef-
branla toute la Natolie , & tint les
Turcs en ceruelle, iufques à ce qu'il
fut aterré en bataille rangee. N'eft-ce
pas le chemin que prit Elmahel Affri-
quain, pour faire la guerre à fon maiftre le Roy de Marroc , & luy rauir le
fceptre & la vie? Le refpect de religion

a vne extreme puiſsãce ſur nos eſprits:
Depuis qu'vn homme a le bruit de viure ſainctement, il perſuade tout ce
qu'il veut au peuple, ſur tout quãd il eſt
doüé d'vne eloquẽce & grace de bien
dire. Arrius & Mahomet ſe ſont ſeruis
de tels inſtrumẽs, pour fonder leur doctrine. Et de plus fraiſche memoire,
Luther & Caluin, quel meſnage ont-ils
faict par leurs langues & eſcrits, ſous
couleur de reformer les abus de la
Chreſtiẽté? Il faut preuenir tellesgẽs,&
leur deffẽdre de dogmatiſer ny en public ny en particulier, ſur peine de punition rigoureuſe. Car ils attirent le
peuple qui ſe laiſſe ayſement emporter
à l'apparẽce d'vne pieté, auſſi bien qu'à
l'eſpoir d'vne liberté ou cõdition meilleure. Ce ſont deux eſperõs que les factieux dõnẽt à cét animal de pluſieurs
teſtes, pour le mettre en campagne, luy
repreſentãt la douceur de l'egalité Democratique,& les violẽces de la Monarchie. En quoy ils n'ont pas grande
difficulté, attendu que les peuples ne
portent pas volõtiers le ioug des Princes, principalement des exacteurs ou
tirãs. Et de vray les Princes ſe rendent
aucunefois odieux & inſupportables.

Mais souuent la faute viēt des subiects,
qui les irritent par vne superbe mutinerie, & veulēt reigler vn pouuoir qui
ne reçoit point de limites. Les Souuerains ne doiuent point estre contrerø-
lez en leurs actions. S'ils font mal, c'est
à celuy qui les a establis de les chastier,
non pas au peuple qui leur doibt toute
obeïssance. Puis qu'ils ne releuent que
de Dieu, & qu'ils sont ses Lieutenans,
c'est temerité aux hómes de leur faire
rendre compte : c'est vn sacrilege de
murmurer contre eux, d'attenter à leur
estat ou à leurs personnes. Les plus sages sont de cest aduis , & la doctrine
chrestienne specialement nous exhor-
te de reuerer nos Roys & superieurs,
sans aucune distinction pour ce regard
des bons & des mauuais. De cecy nous
en auons vn notable exemple en Dauid qui ne voulut iamais toucher son
ennemy Saül Prince furieux & tyrannique , qui l'auoit persecuté cruellement , & en hayne de luy , auoit tué
Achimelech , & tous les sacrificateurs
de Nobe auec leurs femmes & enfans:
Nonobstant Dauid l'ayant eu par deux
fois entre ses mains, a estimé qu'il n'e-

ſtoit permis de l'offencer, & a empeſché ceux qui le vouloient faire, diſant
qu'il n'outrageroit iamais celuy que
Dieu auoit ſacré. Et peut-on trouuer
vn Roy qui aye tant tyranniſé ſes ſubiects que Nabuchodonoſor ? Apres
auoir forcé Hieruſalem, pillé les maiſons d'icelle, raſé les murailles, il maſſa-
cra vne grande partie du peuple, & emmena le ſurplus captif en Babylone, où
il fit faire ſa ſtatuë, auec commandement à tous de l'adorer, ſur peine d'e-
ſtre bruſlez tous vifs : ce neantmoins
les Prophetes de ce temps là crioient
apres le Roy de Hieruſalem Sedechie,
pource qu'il s'eſtoit reuolté contre ſon
Souuerain, & exhortoient les Iuifs
tranſportez en Babylone de prier Dieu
pour la proſperité dudit Nabuchodonoſor & de ſes enfans. Si ces raiſons
ne nous eſmeuuent, l'euenement qui
eſt le maiſtre des imprudẽs, a touſiours
monſtré que les reuoltes eſtoient inutiles, & que les rebelles au lieu d'amen-
der leur marché tomboient le plus ſouuent de fieure en chaud mal. Qu'ont
gaigné les Florentins en la mort d'A-
lexandre de Medicis ? Quel profit ont

fait les Gantois de se reuolter contre
Charles cinquiesme ? On alleguera
peut-estre les Suisses qui se sont eman-
cipez heureusement, & aussi les Hol-
landois. Quant à ceux-cy, l'assiete de
leur pays propre pour la defensiue, l'alliance de leurs voisins, & sur tout l'es-
loignement du Roy d'Hespagne, sont
les piliers de leur republique, laquelle
neantmoins seroit en grand branfle, si
ce Prince vouloit tourner toutes ses
forces contr'eux. Pour le regard des
Suisses, leur vnion, & suffisance au fait
des armes, & le peu de richesses qu'ils
ont, ne donnent pas grande enuie de
les assuiettir & remettre au train de la
Monarchie, de laquelle ils ont esté si
mal traictez, que l'on ne peut iustemēt
imputer ce qu'ils ont fait à vne rebellion, mais plustost à l'insolence des
gouuerneurs qui se licentioient d'attenter non seulement à leurs biens,
mais à leurs personnes & à leurs femmes. La plus part des peuples ne se
contient pas és limites d'vne si iuste de-
fense, ils se mutinent pour vn impost,
pour l'aduancement d'vn fauorit, vn
mauuais gouuernement, comme si ces
maux estoiēt attachez à la Monarchie,

& ne ſe trouuoient pas auec plus d'excez en l'eſtat democratique, où les bri-
gues, corruptions, partialitez, & impu-
nitez de crimes ſont ordinaires, où les
plus beaux harangueurs ſont ce qu'ils
veulent, les vertueux ſont ſuſpects, les
magiſtrats peu reſpectez, les factieux
aduancez, la iuſtice venduë au plus of-
frant, & negligemment adminiſtree.
Tout cecy ſe remarque és republiques
d'Athenes & de Rome, les plus floriſ-
ſantes qui furent oncques. Les citoyés
eſtoiēt touſiours aux priſes, les riches
côtre les pauurés, les nobles côtre les
roturiers: & aux aſſēblees de ville s'en-
trebattoiēt à coups de pierre. En ſuitte
maſſacre, pilleries, & côfuſion, ſi que la
plus grande tyrannie n'euſt pas faict la
moitié de ces maux, auſquels ils n'ont
point eſprouué de meilleurs remedes,
que la domination d'vn ſeul hôme. Pareillemēt les Florētins depuis qu'ils ſe
ſont gouuernez eux meſmes n'ôt veu
que des changemens & deſordres en
leur ville, les maiſons bruſlees, les rués
pauees de corps morts & autres tragedies, qui ont côtinué iuſques à ce qu'ils
ont eſté ramenez à la Monarchie.
Ceux de Genes n'ont eſté gueres plus

heureux en leur liberté, & feroient encore acharnez les vns côtre les autres,
s'ils ne craignoient leur protecteur. Et
on sçait bien ce que vaut la protection
d'vne ville à vn Prince voisin & puissant. Si les Republiques pour se garantir de ruine, ont recours à l'authorité
d'vn Souuerain, les peuples qui y sont
accouftumez ne s'en doiuët departir,
pour aucun pretexte ou occasion que
ce soit. La tyrannie est fascheuse, ie le
confesse, mais la fureur & confusion
populaire est encore plus à craindre,
d'autant qu'ell' a vne cause permanéte,
à sçauoir l'humeur du peuple, variable, ignorant, cruel, amateur de nou-
ueauté, qualitez qui luy sont & feront
tousiours naturelles. Au contraire, la
tyrannie se passe, & souuent vn meschant Prince se corrige soy-mesme
sans contrainate, comme Augufte &
Tite. ou bien il s'atedie des occupatiós
publiques, comme Sylla, & Diocle-
tian, qui renoncerent de leur bon gré
à l'Empire. Il faut donc endurer de telles gens, comme on souffre la sterilité
d'vne annee, en attendant vn meilleur
temps. Car la vicissitude estant perpe-

tuelle aux affaires du monde , le mal
fuccede au bien, le bonheur à l'aduer-
fité, & apres l'orage d'vn iniufte gouuernement , on voit reluire le ferein
d'vn regne doux & paifible. Si le peuple entroit en cefte confideration , ou
s'il en eftoit capable , il ne fe porteroit
pas fi ayfément aux feditions. Mais il
faut aduoüer que les hommes augmē-
tent bien leurs miferes par impatience
& delicateffe. Ils ne fentent pas fi toft
le moindre mal, qu'ils veulent y appliquer vn violent remede. Ils abboyent
apres la tyrannie, laquelle neantmoins
ils exercent en leurs maifons impunément. Ne voyons nous pas les iniufti-
ces que font les maiftres à leurs valets,
les peres à leurs enfans, les precepteurs
à leurs difciples? C'eft vn vice cōmun
d'abufer de fa puiffance, & fe monftrer
infolent à l'endroit de fes inferieurs. Ie
ne dis cecy pour excufer les mauuais
Princes, qu'on ne peut trop vituperer,
mais pour mōftrer qu'il vaut mieux
auoir vne tefte catarreufe que de n'en
auoir point du tout, & que la tyrannie
ne difpenfe pas les fubiects de l'obeïffance qu'ils doiuēt à leurs Souuerains;

encore moins la diſſipation des finances,& l'iniuſte diſtribution des loyers. Il faut en tel cas proceder par humbles remõſtrances,& repreſenter au Prince la conſequence de ces abus,non pas en demander reformation les armes au poing,comme on a accouſtumé de faire,au grãd preiudice du peuple, qui eſt plus ruiné par les ſoldats en ſix mois qu'il ne ſeroit par vn mauuais gouuernement de dix annees. La guerre n'eſt pas vn remede aux maladies d'eſtat, notamment celle qui s'entreprend cõtre ſon Souuerain. Il n'en doit point dõner d'occaſiõs, mais pour s'en garãtir, il luy ſera expedient d'auoir touſiours vn bras armé, afin de tenir en crainte les rebelles qui deuiennent audacieux, quãd ils voyẽt vn Prince accompagné trop ſimplemẽt,& ne ſe defiãt de perſonne.Iules Ceſar ne fut pas bien aduiſé,de cõgedier ſa garde:Iuſtiniã ſe trouua mieux d'auoir ſes ſoldats aupres de luy en la ſedition de Bizãce, en laquelle les mutins auoiẽt eſleu vn nouueau Empereur , qui fut tué auec 40.mille habitans. Nous pouuõs iuger à quelle extremité il fut reduit , puis

qu'en fa ville capitale il fut côtraint de
faire vn tel carnage,& s'il n'euft eu des
forces pour rembarrer les factieux, il
eftoit perdu,côme aufli Cofme de Medicis,eftoit en dâger de perdre fô eftat,
s'il ne fe fut courageufement oppofé
aux mutineries des Florentins. Le populas eft fier & infolent à l'endroit de
ceux qui ne peuuent refifter : il faut
luy monftrer les dents , fi on veut
en auoir raifon. Et ce mefme moyen
feruira contre les particuliers qui voudront remuër l'eftat. Ils ne l'entre-
prendront pas fi hardiment , quand ils
verrôt leur Souuerain tout preft de remedier aux rebelliôs, & d'ë chaftier les
autheurs. Qu'il monftre feulement la
verge,ou le bafton, les plus grands ferôt fouples à fes cômandemens,&n'o-
ferôt l'offenfer.Et pour mieux encore
pouruoir à fa feureté,qu'il ne dône iamais puiffance abfoluë à vn autre , de
peur qu'il ne luy arriue comme à nos
premiers Roys qui furêt en fin debuf-
quez'par les Maires du Palais,aufquels
ils laiffoient tout faire,afin de mener à
leur ayfe vne vie cafaniere. Faute fignalee en vn Monarque,qui doit mourir debout,c'eft à dire en actiô,non pas

en oifiueté , difoit l'Empereur Vefpa-
fian. Et iaçoit qu'il aye befoing d'officiers & Lieutenans, neantmoins comme le Soleil communique fes rayons
aux moindres eftoilles fans diminutió
de fa lumiere, auffi il ne doit iamais departir fon authorité , qu'il ne retienne
par deuers luy le grand reffort des affaires. Que fi d'auenture il voit vn fien
vaffal auoir defia acquis du credit, pour
fes richeffes, ou pour la nobleffe de fon
extraction , il luy doibt deferer plus
d'honneur que de puiffance. Quand il
le fera grand maiftre, chef de fon confeil, gouuerneur de fa ville capitale, ce
font offices de peu d'effect , mais honorables & dignes des premiers Princes d'vn Royaume. La Conneftablie,
Admirauté, & les grands gouuernemens font mieux en la main des autres
Seigneurs de moindre qualité: car c'eft
vne fageffe politique de donner aux
vns plus d'honneur , aux autres plus
de puiffance, afin que tous foient con-
tens, & le Souuerain plus affeuré, qui
ne doit tant craindre les deffeings d'vn
fimple gentil-homme, que d'vn autre plus puiffant & renommé. C'eft
                              pourquoy

pourquoy Augufte ne donnoit point
le gouuernement d'Egypte aux Sena-
teurs, craignant qu'ils ne s'emparaffent
de cefte riche Prouince, & fi importante à l'Empire. Auffi la charge de
grand Preuoft, qui pouuoit autant luy
feul, que le Conneftable, grand' maiftre, Chanceller, & Capitaine des gar-
des tous enfemble, n'eftoit donnee finon qu'aux Cheualiers Romains, &
mefme eftoit diftribuee efgalement à
deux perfonnes, afin que l'vn fut con-
trequarré par l'autre, & retenu en fon
deuoir par vne crainte mutuelle. On
ne peut employer trop de precautions
à l'encontre des feditieux, lefquels il
faut non feulement preuenir, mais auffi punir fans aucune mifericorde. Or il
y a d'autres perfonnes, qui n'attaquét
pas fi apertement le public, & neantmoins font tres-dangereufes, comme
les faitneans, querelleux, prodigues,
& ioüeurs, lefquels ne font pas repu-
tez criminels, encore qu'ils ne vallent
gueres mieux. Nous auons parlé des
faitneans. Les querelleux ont vne grá-
de difpofition à mal faire : ils ne demá-
dent que la guerre, & lors qu'ils n'ont

H

point d'ennemis publics, ils en font de
particuliers. Ce vice eſt ordinaire aux
peuples de Septētriō, qui ſont fiers, in-
ſolens, & ne peuuent viure ſans battre
ou quereller quelqu'vn : à quoy il faut
remedier. Car ou ils attaquerōt, cóme
il arriue le plus ſouuent, vn hóme im-
becille, & alors ils luy feront premierement mille indignitez, puis apres en
auoir eu le paſſetemps, ils viendront
à vne aperte iniuſtice : & par ce moyen
le reſpect du Prince & des loix ſera di-
mınué, dont s'enſuiura vne confuſion
ineuitable. Ou bien ils s'addreſſeront à
vn hóme de courage, & lors ils viendront aux mains, & s'ils ont du credit
ils embaraſſerōt en leur querelle leurs
parēs & amis : ce qui eſt de perilleuſe có-
ſequence. Il n'y a qu'vn remede ſingu-
lier à cela. C'eſt de cótraindre les querelleux à vne ſatisfaction competēte à
l'endroit de ceux qu'ils aurōt offenſé.
Ie dis ſatisfaction cópetente, c'eſt à dire proportiónee à l'iniure receuë. Car
vn qui aura donné des baſtonnades
doit vne ſatisfaction plus ample, que
celuy qui aura donné vn ſoufflet, ou vn
deſmenty. Et d'ailleurs, vn affront faict

a vn Seigneur ou Magiftrat, eſt plus
puniſſable, que s'il eſtoit faiſt à vn ſa-
uetier ou portefaix. La diſtinction
des perſonnes diuerſifievn meſme fait,
& le rend plus atroce ou plus leger.
Et ceſte conſideration eſt remiſe à la
prudēce des iuges. Mais pour ne point
diſſimuler, ils font trop bon marché
de l'honneur d'autruy , & ne puniſ-
ſent pas aſſez rigoureuſement les inſo-
lences. Vn effronté impudent qui aura outragé quelqu'vn , en ſera quitte
pour vn empriſonnement de deux ou
trois iours, & s'il a des amis, il n'y ſera pas trois heures. On luy fera ſeulement faire quelque petite ſatisfaction
verbale, auec condānation de deſpens:
cepēdant les coups de baſtō ſont ruez,
& la honte demeure au battu. Qui fait
que pluſieurs ne pouuans auoir autre
raiſon, ſōt cōtrainēts d'appeller les ennemis pour ſauuer leur honneur. De là
viennēt tant de duels ſi ordinaires auiourd'huy, principalement en France,
& que nos Roys taſchēt d'empeſcher:
mais ils n'y paruiendront iamais, s'ils
n'ordonnent vne plus grande ſatisfaction à celuy qui aura eſté offenſé

en fa perfonne ou en fon honneur,
C'eft bien faict de chaftier ces efcri-
meurs à outrance, de les traicter igno-
minieufement apres leur mort, confif-
quer leurs biens, & les appliquer aux
caufes pieufes. Mais il faut ofter la
fource du mal, qui eft l'infolence de
ceux qui attaquent. Car que peut faire
vn homme d'honneur ayāt receu l'affront, principalement s'il fait profef-
fion des armes? Se plaindra-il à la iuftice? On fe mocquera de luy, pour le
peu de reparation qu'il en aura. De-
mandera-il permiffion d'vn duel? On
attribuëra cela à coüardife, & encore
plus s'il fe contente d'vne fatisfaction
faicte deuant cinq ou fix perfonnes.
Eftant donc reduict en ces deftreffes,
il faut qu'il fe cache à iamais n'ofant
paroiftre en compagnie, où qu'il fe
vange par meurtre à quelque pris que
ce foit. Que s'il efperoit auoir fatisfaction fuffifante pour reparer fon honneur, il n'entreroit pas fi librement en
ces voyes de faict. Cefte fatisfaction fe
feroit en paroles, fi l'affront auoit efté
de mefme, ou en effect fi l'iniure eftoit
faicte realement fur fa perfonne. Et

encore que la loy de peine esgalle di-
cte par les Latins Talion semble estre
propre pour ce subiect: neantmoins
ie conseillerois de passer plus outre,
pour les difficultez qu'il y a le plus souuent en l'execution d'icelle, & de punir
doublement celuy qui auroit offensé:
à sçauoir que pour vn soufflet, ou vn
coup de baston qu'il auroit donné, on
luy en donnast deux publiquemēt, en
presence de sa partie aduerse. Et pour
le regard des parolles où mocqueries
picquantes, qu'on luy en fit faire l'a-
mende honorable, telle que le cas me-
riteroit, & la qualité des personnes of-
fensees. Ie dis mocqueries picquantes, pource qu'il s'en trouue de plusieurs sortes, & comme il ne se faut pas
courroucer, pour peu de chose, aussi il
y a des façons de faire insupportables,
& bien souuent vn geste, vne mine faicte par mespris irrite plus vn cœur genereux, que non pas vne action violē-
te. Ne voyons-nous pas la plus part
des querelles prendre leur origine des
paroles temeraires de ceux qui ne peuuent dire vn mot sans offenser quelqu'vn? On ne sçauroit trop refrener

telle infoléce. Et quãt à ceux qui vfent
de main mife, fi ie fuis d'aduis qu'on
leur rende le double, cela n'eft point
hors de raifon. Les loix Romaines
font payer au larron le quadruple.
Pourquoy ne punira-on pas d'vne pareille rigueur celuy qui vole l'honneur
plus cher fans cõparaifon que la cheuance & la vie? A quel propos endurer qu'vn fai-neant (ordinairement les
querelles viennent de ces gens là) fe
fourre en vne compagnie, & ne fçachant que faire attaque ceftui-cy & ce-
ftuy là? Que s'il ofe luy repartir, auffi
toft on voit ruer des coups, & le plus
fort foule aux pieds le plus foible, auffi
hardiment au milieu d'vne ville, comme fi c'eftoit au coing d'vn bois. Peut
on efperer vne paix en fouffrant telles
canailles qui fappent les fondemens
de la tranquillité publique? Il les
faut traicter de mefme façon qu'ils
traittent les autres: & puis qu'ils attaquent fi effrontement l'honneur, ils
meritent vne peine qui leur apporte de l'ignominie, & fi on les mettoit
au carquan vn iour durant, ils feroient
bien employez: on ne verroit pas tant

de dementis donnez à la volee. chacun se modereroit en ses discours &
actions. Ce seroit trop grande seuerité, dira quelqu'vn, d'eplucher de si prés
les parolles ou les gestes, Ie responds
que ceste seuerité est necessaire , &
que tous deportemens qui tendent à
sedition sont punissables. La societé humaine n'a que faire de querel--
leux , temeraires , & couppeiarets.
Les Princes s'en passeront bien aussi ,
& les doiuent exterminer. Autrement ils verront tousiours des assassinats & duels qui depeupleront leur
Monarchie. Mais en obseruant ce
que dessus, il n'y aura pas presse à offenser ny iniurier vn autre, & ainsi la
la cause de ces malheurs sera ostee. Car
il n'y a hóme si vindicatif qui ne se con-
tentast de voir bastonner publiquement son ennemy, ou endurer vne re-
primende plus honteuse, que l'iniure
qu'il auroit receuë. Et alors on auroit
raison de punir à toute rigueur les
duels, de rendre infames ces maistres
cabalistes du poinct d'honneur, qui
seroient si delicats de refuser vne

ample satisfaction, qui leur rendroit
leur honneur, & les feroit iouyr de la
honte & ignominie de leur aduersaire.
Si on dit que l offensé ne peut pas tousiours verifier vne iniure, & partant
qu'il est contrainct d'appeller son hôme en duel, n'en pouuant tirer raison
iuridiquement, par faute de preuues.
Ce cas à la verité est considerable, &
auquel les anciês François, Lombards,
& autres peuples de Germanie permettoient le combat : & c'estoit chose
honorable de le demander. Mais auiourd'huy on ne garde point ces formalitez. On s'enuoye incontinent le
cartel de deffi, au grãd mespris du Prince, qui est maistre de la vie de ses subiects, & par consequent ne doit pas endurer qu'ils la prodiguent sans son cõ-
gé. Aussi il ne doit pas desnier le combat, quand l'offensé n'a point de suffi-
sans tesmoignages du tort qu'il dit
auoir receu, & qu'il y en a toutesfois
quelques coniectures : le tout pour
euiter les assassinats & factions qui
pourroient suruenir, par faute de donner vne telle permission. Car bien souuent deux hommes sont si acharnez

l'vn fur l'autre, qu'il eſt impoſſible de les accorder, & qui pis eſt, s'ils ſont riches & puiſſans, ils cauſent des partialitez en vne ville, ou Royaume, de maniere qu'il eſt expediẽt de les faire entrebattre, afin que leur ſang eſtaigne le feu de diuiſion ciuile qui pourroit s'allumer: mais pour n'en point venir à ces extremitez, il n'eſt que de diuertir les querelles par vn chaſtiment ignominieux, ainſi que nous auons dit. Quelquesvns peut eſtre aymerõt mieux preſenter le deffi, que de demãder en iugement reparatió d'vn deſmẽtir, ou d'vn autre affrõt: mais quãd ils verront leurs ennemys ſi mal menez pour vne parole iniurieuſe, & que d'ailleurs ils conſidereront l'infamie dont on punira ceux qui preſenteront le duel ſans permiſſió du Prince, ie croy qu'ils ſeront plus retenus, & qu'ils accepteront vne ſatiſfaction non moins honorable qu'aſſeuree. A quoy ils doiuent eſtre conuiez par l'apprehenſion d'vn ſupplice infame, afin que ceux qui cherchent l'honneur aux duels n'y gaignent rien ſinon vne infamie pour eux & leur poſterité. Car c'eſt vne couſtume beſtiale

& qui n'a iamais esté vsitee parmy les
plus fameuses nations sinon en faict de
guerre, lors qu'vn homme s'offroit
de combattre pour l'honneur de son
pays, ou lors que deux peuples ennemis pour espargner le sang remet-
toient la decision de leurs querelles à l'euenemét d'vn combat particulier entre 2. ou 3. hómes, qu'ils choisis-
soiët d'vne part & d'autre, à condition
que leur victoire tourneroit au profit
de leurs compatriotes, qui donneroiët
la loy au parti vaincu. Ainsi le differét
des Romains & Albanois fut terminé
par le cóbat des trois Curiaces & trois
Horaces: & d'autant que ceux-cy qui
combattoient pour les Romains rem-
porterent la victoire, les Albanois
aussi tost quitterét les armes & se sous-
mirent à leurs ennemis suiuant ce qui
auoit esté accordé. Mais ie ne trouue
en toutes les histoires aucune inimitié plus honorablement terminee que
celle de Varenus & Pulfio. Ces deux
soldats de Cesar auoient tousiours de
grandes contestations, & ne se pouuoient reconcilier, iusques à ce qu'e-
stans vn iour proches de l'ennemy,

Pulſio s'aduiſa de dire à ſon aduerſaire. Que tardons nous Varenus de mô-
ſtrer noſtre vaillance en vne ſi belle
occaſion? C'eſt à ceſte heure que l'on
verra lequel de nous deux ſera le plus
habille homme. Et apres auoir dit ces
parolles il ſe ietta à corps perdu au tra-
uers des eſquadrons ennemis, & en
tua pluſieurs : mais en fin il fut inueſti
d'vne grande multitude qui le terraſſa.
Varenus apperceuant cela & craignant d'eſtre reputé laſche, accourut
incontinent au ſecours de Pulſio. Ce
que les ennemis voyans quittent ce-
ſtui-cy, & ſe ruent ſur Varenus. Pulſio qui auoit eſté deſgagé par ſon ancien aduerſaire, ne le laiſſa point en
telle neceſſité, & pour luy rendre la
pareille, le deffend contre les ennemis, & le deliure d'vn peril ineuitable. Ainſi ils ſe reconcilierent auec
honneur & applaudiſſement de toute
l'armee. Si à l'exemple de ces ſoldats,
ceux qui ont quelque choſe à demeſler enſemble eſprouuoient leur valeur contre vn ennemy commun,
ils ſeroient plus loüables. Mais
en ce temps les regles de vertu

& generofité font peruerties : & nous
mettons le point d'honneur en ie ne
fçay quelles petites braueries, que les
anciens ont mefprifé , & mefmes les
Turcs fe mocquent des duels, & les at-
tribuent à vne foibleffe d'efprit ou impertinence. En contrefchange nous les
ofons bien appeller barbares : comme
fi l'on pouuoit imaginer vne barbarie
plus grande, que de fe battre auec fes
compatriotes amys, parens, & garder
contre eux des inimitiez irreconcilia-
bles. La paix vniuerfelle pourra remedier à ce mal, fi nous y pouuons
paruenir, & les actes d'hoftilité publique eftans defendus , il y a apparence,
que les haynes particulieres cefferont,
ou feront addoucies. Quant on aura
gaigné ce poinct, il faudra regler la defpence d'vn chaçun, afin qu'il ne prodigue fon bien Ce qui n'eft pas de petite
importance pour la conferuation d'vn
eftat , pource que les prodigues eftans
deuenus neceffiteux , comme ils ne
peuuent faillir, chercheront des occafions de fe réplumer aux defpens d'autruy , afin d'entretenir leurs fuperfluitez accouftumees. S'il y a quelque re-

inuëment, ces gens là s'y portent toul-
iours des premiers: & Catilina n'auoit
quaſi point d'autres partiſans que ceux
qui auoient mangé leur bien aux ca-
barets, bordeaux, & breſlans. Les caba-
rets ne ſont que pour les paſſans. Les
bordeaux ſont tolerez en quelque païs
pour euiter vn plus grand mal: & neat-
moins il n'en ſeroit pas beſoing, ſi la
police des Romains auoit lieu, qui cô-
uioient leurs citoyens à ſe marier, en
leur propoſant pluſieurs beaux priuileges. Non que ie vueille condamner
le celibat des Preſtres & religieux, mais
il ſeroit expedient que le reſte du peuple fut contrainct de prendre femme à
l'exemple des Chinois, qui donnent
vne vacation à leurs enfans, & les ma-
rient de bonne heure, de peur qu'ils ne
ſe desbauchent: ioinct que le principal
piuot d'vn Empire ſont les mariages.
Tant y a que le plus qu'on peut empeſcher les paillardiſes c'eſt le meilleur.
Car ce ſont preludes d'adulteres, &
ſuffit d'endurer les vices qui ſe font en
cachette, ſans permettre encore d'en
tenir boutique. C'eſt pourquoy ces
lieux infames doiuent eſtre defendus,

où a ieuneſſe perd le corps , & les
biens: en quoy ils ſont plus pernicieux
que les breſlans , qui ne conſument
ſinon que l'argent. Et toutesfois les
anciens preuoyans le malheur qui
en pouuoit arriuer , ne permettoient
ioüer de bon , ny meſmes faire aucune gageure ſinon aux ieux hon-
neſtes, comme en celuy de la luicte,
du palet, de la courſe, & autres ſemblables qui ſe font auec l'exercice
du corps. Ils reprouuoient totalement les ieux de hazard , qui ſont
auiourd'huy ſi ordinaires en l'Europe, que les grands & petits, les hommes & femmes n'ont poinct de plus
beau paſſe temps qu'à ioüer en vn
coup de dé la meilleure partie de leur
vaillant , & aucunefois la totalité.
Quelques vns ſe ruinent à faire des
feſtins , dont la ſuperfluité eſt indifferemment permiſe à toute perſonne , encore que les Romains y
ayent apporté pluſieurs reglemens,
en limitant la deſpence qu'on deb-
uoit faire en vn banquet, & le nombre de ceux qui pouuoient y aſſiſter. Il eſt vray que ceſte police

eftoit mal gardee, comme de faict il
femble impoffible de l'obferuer, pource qu'on n'ira pas au logis d'vn homme pour veoir ce qu'il mange, ou pour
compter fes compagnons de table.
Neantmoins d'autant que les affaires
domeftiques principalement les ban-
quets & ieux ne font pas fi occultes,
que finalement ils ne viennent en euidence, ce feroit le debuoir d'vn magiftrat d'informer contre ces mauuais
mefnagers. Car qui ne iugeroit digne
de punition la friandife d'vn hôme, qui
achepteroit vn mulet de mer quatre-
cent francs, comme fit Afinius Celer?
Qui n'auroit honte de veoir le fils
d'vn bafteleur Æfope iaualer en vne
feule verree pour cinquante mil francs
de perles, apres les auoir premierement fait fondre dans le vinaigre? Qui
ne detefteroit la gourmandife de ce vi-
lain Apicius, qui mangea prés de deux
millions d'efcus, & voyant qu'il ne luy
reftoit plus que cinq cens mille francs,
s'empoifonna craignant de mourir de
faim? La terre deuroit engloutir ces
monftres qui abufent ainfi de fes richeffes. Or ce feroit peu de chofe

s'ils ne se perdoient qu'eux mesmes,
mais nous voyons que leur ruine s'e-
stend sur leurs creanciers, ausquels ils
font ordinairement cession. Car ils
empruntent de tous costez, & trouuēt
facilement credit, pour l'opinion qu'ils
donnēt de leur opulence & liberalité:
puis la pauureté fille de luxe entre en
leur maison& les cōtrainct tout à coup
de faire banqueroute. Telles gens deuroient estre adiugez comme esclaues
à leurs creanciers, à faute de payemēt
suiuant la coustume ancienne qui est
encore pratiquee en Ethiopie & aux
Indes.   On ne verroit point tant d'af-
fronteurs, cessionnaires, & coquins.
Chacun regleroit mieux sa despense,
non seulement celle de bouche, mais
aussi celle des habits, dont la superflui-
té appauurit pareillement beaucoup
de familles. Pour y remedier on a faict
des Edicts en France, mais sans aucun
effect, d'autāt que les officiers de iustice n'oseroient les executer à l'encontre des grands, qui les premiers y con-
treuiennent, au mespris du Souuerain
qui ne deuroit publier aucunes ordonnances, ou les faire mieux obseruer,

&commencer la reformation des abus par ſes domeſtiques. Car il n'y a meil-leur moyen de ranger le peuple que celuy-là, puiſque naturellement il ſe porte à contrefaire les actions de la Cour. Que les Seigneurs quittent le ſatin & velours: le bourgeois quit-tera auſſi-toſt ces eſtoffes, ſans atten-dre aucun aduertiſſement: mais tant qu'il verra reluire le clinquant d'or & d'argent ſur les habits des nobles, il engagera pluſtoſt tout ſon bien, qu'il n'en porte. Ie ſçay que pluſieurs peu-ples ne ſont pas en ce danger: auſſi ce n'eſt pas à eux à qui ie m'addreſſe. C'eſt principalement aux peuples de par de-ça, François, Heſpagnols, Anglois, qui font vertu du luxe, & eſtiment vn homme mechanique s'il ne porte luy & ſa femme autant en or & pierreries, comme il ſuffiroit pour achepter vne prouince. Si la cenſure de laquelle nous parlerons cy apres, eſtoit reſta-blie, on auroit vn beau ſubiect de s'in-former de la vie de ces piaffeurs, pour ſçauoir d'où leur ſont venuës ces deli-ces, & quel moyen ils ont de les entre-tenir: mais l'exemple du Souuerain eſt

I

le plus court chemin pour remedier à
tels abus, qui sont plus pernicieux qu'õ
ne pense, attendu qu'ils attirent vne
corruptiõ de mœurs, ou pour le moins
ils en font les indices. Car vous ne
voyez gueres d'hommes qui à la mode
des soldats de Cesar puissent bien cõba-
tre estant parfumez, ou qui cõme Ari-
stippus, soiẽt incorruptibles parmy les
bombances des Bachanales. Ces orne-
mens du corps si affectez descouurent
vn naturel effeminé, & peu soigneux
des actions vertueuses. Aussi voyons
nous que les peuples addõnez au luxe
sont plus enclins à toutes meschance-
tez, & partant il le faut empescher ou
punir cõme vn vice contagieux, & qui
en amene d'autres. Ie ne parleray point
de plusieurs crimes abominables, cõme de magie, adultere, blaspheme, &
atheïsme, pource qu'ils sõt plus cachez
& plus rares: au demeurant ils les faut
chastier selon les coustumes du païs. Ie
ne me suis aresté qu'aux vices plus ordinaires & scandaleux, dõt la punition
est sur tout necessaire pour la manutẽtion d'vn estat. Maintenãt il faut adui-
ser à la recõpense des merites, qui n'est
pas moins considerable. La peine & le

loyer ſont les deux moyens de garder
vne Republique, & les principaux effects de la iuſtice diſtributiue. La ſeue-
rité des ſupplices empeſche le desbor-
demēt des meſchācetez. La recōpenſe
conuie les hōmes à bien faire. Elle eſt
deuë à ceux qui ont faict quelque bon
office au Prince ou au public. Il eſt bien
raiſonnable qu'ils ſoient recogneus, &
ce ſeroit ingratitude de faire autremēt.
Mais auſſi il ne faut pas oublier les hōmes de vertu, & d'induſtrie, puis qu'ils
ont des qualitez qui les releuent par
deſſus le vulgaire & les rēdēt capables
de mettre à execution des choſes grā-
des. Or il y a deux ſortes de recōpenſe,
à ſçauoir profit, & hōneur, encore que
bien ſouuent elles ſe rencontrēt enſē-
ble, cōme les eſtats, offices, & commiſſions, qui apportent de l'honneur auec
vtilité. Vn Monarque doibt diſtribuer
liberalement l'vn & l'autre aux perſonnes de merite, ce qu'il ne fait pas
ſouuent, pour la difficulté qu'on a de
l'aborder, ſi bien qu'il ne cognoiſt que
ſes domeſtiques, ou ceux qui luy
ſont recommādez par ſes fauorits, qui
ſont des amys aux deſpens du Prince,

& le bloquent de telle façon qu'on ne
peut auoir aecez à luy, que par leur entremife. Titus difoit qu'il ne falloit pas
qu'vn homme fortit mal content de la
compagnie d'vn Prince. Auiourd'huy
on eft bien en autres termes : car auparauant qu'on parle à luy , on a fubieſt
de s'attriſter. Certainement vn Roy
feroit tort à fa Maieſté, s'il fe familiari-
foit indifferemmét à toutesperfonnes:
mais il ne fe doit rendre inacceffible à
ceux qui luy ont faiſt ou peuuent faire
quelque fignalé feruice, afin qu'il baille à ceux là vn iufte loyer, & à ceux-cy
l'efperance d'en auoir quand ils l'auröt
merité. En fomme, il luy importe de
coghoiftre luy mefme fes fubieſts, afin
qu'il iuge ceux qui fót propres à le feruir, & qu'il foit aduerti de beaucoup de
chofes qui luy font celees par fes domeftiques. Ainfi il preuiendra le plus
dangereux mal qui foit en vn eftat, à
fçauoir le mefcontentement qu'vn hö-
me reçoit de fe veoir reculé de la faueur de fon Prince, de laquelle il a vne
iufte ialoufie pour fa qualité ou fon
merite. Il eft bien vray que les faueurs
des Roys ne fe peuuent partager ef-

gallement : auſſi ma propoſition ne
tend pas à limiter leurs affections & in-
clinations naturelles : Seulement ie dis
qu'ils ne doiuent fermer la porte de
leur bienueillance à ceux qui en ſont
dignes , & que le plus qu'ils peuuent
obliger de telles gens c'eſt le meilleur,
attendu que la pluralité d'amis eſt neceſſaire à vn Monarque, laquelle ſil ne
peut acquerir ny conſeruer ſinon par
vne liberalité honneſte & conforme à
la condition de celuy qui la receura.
Et afin que ſes dons ſoient bien employez, d'autant qu'il ne peut cognoiſtre tous les gens de bien, il luy eſt expedient d'auoir à la façon des anciens
Empereurs, vn certain Secretaire, qui
l'aduertiſſe de ceux qui ſont capables
de le ſeruir en quelque charge, ou qui
s'en ſont autresfois bien acquittez ,
afin qu'apres auoir eſté bié informé de
leur ſuffiſance, il leur donne de l'aduis
de ſon conſeil, les bons gouuernemés
ou commiſſions honorables. Mais auiourd'huy que la venalité des offices
eſt par tout introduicte , on a beau
auoir des perfections ; qui n'a de l'argent ne paruiendra iamais aux digni-

I iij

tez publiquement. C'eſt vn malheur
que les guerres ont amené, car elles
ont reduit beaucoup de Princes à ceſte neceſſité, de mettre en vente ce qui
appartenoit à la vertu. Les guerres
ceſſantes, ils auront aſſez d'autres ex-
pediés plus legitimes pour le fond de
leurs finances. Ils n'auront que faire de
donner des penſions aux eſtrangers,
d'entretenir tant de garniſons & mor-
te-payes, & les frais ſuperflus eſtans
retranchez, leur maiſon reglee, ils n'auront plus ſubiect de vendre les eſtats,
ny permettre le trafic des gouuernemens tant ſpirituels que temporels, ny
des offices de iudicature, qui eſt la
ſource de tous deſordres : occaſion
pourquoy Alexandre Seuere prote-
ſtoit de ne point endurer les marcháds
d'offices, pource qu'vn achepteur eſt
contrainct de vendre. Ie ne mettray
point en auant ceſté queſtion, s'il faut
que les eſtats ſoient perpetuels ou non.
Elle á eſté debattuë auec des raiſons
d'vne part & d'autre, auſquelles ie ſuis
indifferent, pourueu qu'on donne les
dignitez aux hómes vertueux: ſás auoir
eſgard aux móyés ny à la race, leſquel-
les choſes ne ſont conſiderables, ſinon

quand elles sont côiointes auec la vertu,& alors elles sont dignes de quelque
prerogatiue.Les Romains entendoiẽt
bien cela(ie nomme souuẽt ce peuple,
pource qu'il nous fournit de tresbeaux
exẽples en toute sorte.)Ils chosissoient
pour iuges les plus riches citoyens par
la loy Pompeia: outre plus ils ne don-
noiẽt l'ordre de cheualerie sinon à celuy qui pour le moins auoit vaillant
vingt mil francs , & pour estre Senateur il falloit auoir vne fois autant. Ils
ne vendoient pas en ce faisant les offices,& si ils remedioient aux concussiõs
ausquelles vn pauure se laissera plustost
aller qu'vn riche. La noblesse de race
merite aussi quelque consideration, &
est à presumer que le fils d'vn bon pere
se portera heritier de ses vertus , & ap-
prehẽdera le blasme, s'il a quelque peu
de sentimẽt.Partãt il doit estre preferé
à celuy dont les ancestres sont incon-
gneus , en cas qu'ils concurrent tous
deux en capacité & preud'hommie.
Mais il faut que la vertu aye tousiours le dessus en matiere d'honneurs,
& recompenses: autrement les affaires
n'iront iamais bien. Et encore qu'il

femble difficile à vn Monarque d'ef-
côduire vn frere ou vne mere qui luy
prefentera quelqu'vn pour eftre pourueu de quelque charge ou benefice.
neantmoins telles recommandations
ne doiuent auoir lieu, fi elles ne font
fondees fur le merite du perfonnage
qui eft prefenté. Que fi d'auenture il
ayme quelques particuliers, comme il
arriue:pour le moins que les dons qu'il
leur fera ayent quelque proportion
à leur qualité, qu'ils ne paffent point
fi exceffiuement leur merite, que fa liberalité ne caufe point vn mefcontentement de ceux dont il ne doibt mef-
prifer le feruice: Qu'il confidere qu'on
doit s'acquitter auant que donner, &
qu'il n'y a debte plus legitime que la
recompenfe de la vertu, qui gift principalement aux dignitez & honneurs.
En quoy ledit Empereur Seuere eftoit
fi ceremonieux, qu'il declaroit par af-
fiches publics les noms de ceux qu'il
vouloit honorer de quelque commif-
fion ou gouuernement, & exhortoit
le peuple à les accufer fi d'auenture ils
fe trouuoient reprehenfibles,à condition toutesfois que le calomniateur
feroit puni de mort. Il auoit apris cela

des Atheniens qui examinoient la vie
de leurs magiſtrats , & eſtabliſſoient
pour cét effeἃ certains maiſtres des
Comptes. Quand donç on aura examiné les meurs d'vn chacun, on le pouruoiera ſelon ſa capacité. S'il eſt vaillant
& fort , on luy baillera des gouuernemens & charges militaires: S'il eſt pru-
dent & politique, on le fera Conſeiller
d'eſtat : s'il eſt entier & incorruptible
on le fera Iuge, on luy baillera le ma-
niement des finances s'il eſt exempt
d'auarice, les dignitez Eccleſiaſtiques,
s'il eſt pieux & deuot. Ainſi le monde
ſera content, le Prince ſera ſerui à ſon
honneur & au profit du peuple , qui
n'aura point occaſion de murmurer
voyất vn ſi bel ordre en l'eſtat,& la iuſtice bien adminiſtree. Et afin que le
Royaume ſoit pourueu non ſeulement
de gẽs de bien, mais auſſi d'habiles hõmes,il faudra exciter l'induſtrie & pro-
poſer quelque loyer à ceux qui excel-
lerõt és arts & ſciences. Ceux qui meſ-
priſent les gens d'eſprit & de ſçauoir
ſont ou barbares ou ſtupides, & pluſieurs le font par vn deſpit qu'ils ont
d'auoir vn eſprit groſſier,& voudroiẽt
que tous les hommes fuſſent ignorãs,

afin que leur honte fuſt cachee par la
multitude de leurs ſemblables. La ſciē-
ce tiēt le premier rāng d'hóneur apres
la vertu. Encore ie n'entens pas icy cō-
prendre ſoubs le nom de vertu ceſte
vaillance vulgaire, dont les hommes
font tant de parade. Ia Dieu ne plaiſe
que ie vueille poſtpoſer vne perfectió
diuine à vne generoſité brutale, qui n'a
que le maſque de vertu, & n'a autre fin
que pillages & tueries. Les plus grāds
Princes ont touſiours reſpecté les do-
ctes, & leur ont dóné ou offert de tresbeaux appointemens. Du temps de
l'Empereur Cómode, les profeſſeurs
de Philoſophie auoient par an ſix cens
eſcus Romains, qui pouuoient valloir
trois mil francs de noſtre monnoye.
Sous Marc Aurele les Rhetoriciens
auoient dix mille drachmes: (c'eſt plus
de deux mille liures.) Veſpaſien leur
auoit auparauant donné cinq mille
francs. Mais ce n'eſt rien à comparai-
ſon de la liberalité de Conſtance qui
donna au Rhetoricien Eumenius
iuſques à trente mil liures de penſion:
Et ie croy que le Roy d'Angleterre

n'en euſt pas moins donné à noſtre Bu-
dee, ſi le Roy François n'euſt eſté à bó
droiſt iaioux d'vn perſonnage ſi ex-
cellent en la cognoiſſance des langues
Grecque & Latine. Que diray-ie de
Ceſar, Charlemagne, & infinis autres
qui ont voulu eterniſer leur nom par
leurs eſcrits, auſſi bien que par leurs
exploiſts belliqueux ? Car il ne faut
pas penſer que la ſcience abaſtardiſſe le
courage d'vn homme, ou qu'elle le
rēde inhabile aux armes, cóme les Scythes ſe ſont autresfois perſuadez, leſquels apres auoir pris Athenes vouloient mettre le feu à toutes les biblio-
theques qui ſe trouuoient dedãs la ville: mais vn d'entre'ux les empeſcha, diſant qu'il falloit laiſſer aux Grecs leurs
liures, afin qu'en s'amuſant à la leſtu-
re ils perdiſſent leur valeur, & de-
uinſſent plus effeminez & domptables.
Les Goths auoient vne meſme opinion, qui ne vouloient pas que leurs
Roys fuſſent inſtruiſts aux bonnes
lettres. Ils ont bien operé auec ceſte phantaiſie, & ont appris à leurs
deſpens que les plus ignorans & idiots
ne ſont pas les plus vaillans.

Ils ont esté batus & chassez comme vilains de tous leurs pays par ceux-là mesmes qu'ils auoiét en mespris. Leur regne s'est passé si legerement & auec si peu d'effect, que nous n'en voyons presque auiourd'huy rien, sinon les marques d'vne barbarie. L'estat des Atheniens & Romains a esté bien plus ferme, qui ont conioinct les exercices d'esprit & de corps: aussi il n'y eut oncques peuple plus vaillant, plus heureux & plus sage. Mais qu'est-il besoing de chercher les exemples de l'antiquité, puis que nous voyons en ce siecle que les plus guerrieres nations de l'Europe font estime des lettres? Ie les nómerois si ie ne craignois de scandaliser les autres. Or iaçoit que les sciences liberales soient preferees aux mechaniques, si ne faut-il pourtant mespriser celles-cy, attendu que les ouurages de main sont necessaires à l'homme, & pour ceste cause ceux qui s'en acquittent bien, meritent auoir part aux liberalitez publiques. Le Roy Mythridates ordonna des prix aux meilleurs biberons. Xerxes en decerna à ceux qui inuenteroient quelque nouuelle

volupté. Les comediens auoient vn sa-
laire pour donner plaisir au peuple. A
plus forte raison doit-on recognoistre
les artisans, principalemét les autheurs
des belles inuentions: & ne faut pas faire comme Tibere qui fit mourir celuy
qui auoit trouué la façon de rendre le
verre malleable: c'estoit couper le chemin à l'industrie, & imiter aucunement
les Ephesiens, qui ne pouuoient souf-
frir parmy eux vne vertu eminente,
occasion pourquoy Heraclite disoit
qu'ils meritoient tous d'estre pendus.
Qui ne iugera dignes de loyer ceux
qui ont inuenté les horloges & impri-
merie? Qui ne reuerera la memoire de
ce braue Neapolitain, qui depuis quatre cens ans a trouué l'éguille marine?
Ie laisse mille autres inuentions que
nous n'aurions pas, si les autheurs d'i-
celles eussent esté si cruellement traictez. Certainement il importe d'auoir
de bons ingenieux, sur tout en l'architecture, o escurie, au faict de la nauigation, des forges, & semblables mestiers
dont on ne se peut passer. Les dons
d'vn Monarque ne seront pas mal employez en cest endroict. Si ces reue-

nus ne font baftans pour recompenfer
tous les hómes de vertu & d'induftrie,
pour le moins qu'il contente ceux qui
excelleront en ces deux qualitez, bien
que ce luy foit vne excufe honteufe
d'alleguer fa pauureté, notamment en
téps de paix, auquel il faict peu de defpence, tellement qu'il a dequoy faire
fes largeffes tát à fes domeftiques qu'à
plufieurs autres perfonnes de merite.
Et en cefte action cóme en toutes autres la prudence luy feruira de guide,
afin qu'il aduife les moyens qu'il a de
donner, combien, & à qui il donne. Il
ne faut pas donner indifferemment à
tous comme Heliogabale, qui grati-
fioit des rufiens & maquereaux. Il faut
regler fa liberalité felon fa puiffance,
de peur de tomber en vne pauureté &
mifere, comme Caligule & Neron. Le
fage Roy cóptera premierement auec
foy mefme, & apres auoir defalqué de
fa recepte ce qui luy eft neceffaire pour
l'entretenement honnefte de fa cour, il
fera fes liberalitez du furplus, en les ac-
cómodant à la condition d'vn chacun.
Doncques quád il aura recogneu l'induftrie d'vn hóme, s'il eft pauure, il luy
dónera penfion conuenable : s'il eft ri-

che ou noble , il le recompenſera en
honneur. Car c'eſt le plus aggreable
guerdõ qu'on puiſſe donner à telles
gens, qui eſtiment plus l'honneur que
tous les biens du monde. Auſſi c'eſt le
plus grand eſguillon de vertu qu'on
ſçauroit imaginer. L'eſperance de
l'hõneur a faiĉt iadis tant de bons ſoldats en Grece & en Italie. Et les ieⁿx
Olympiques furẽt pour ceſt effeĉt inⁿ-
ſtituez, où le victorieux ne remportoit
pour le pris qu'vne ſimple coronne de
cheſne. Philippe Macedoniẽ s'eſtõnoit
de ce que les Grecs cõbattoient pour ſi
peu de choſe, mais il ne regardoit pas à
l'honneur ineſtimable qu'ils receuoiẽt
d'autant qu'ils eſtoient loüez ſolem-
nellement ,& puis ramenez en leurs
pays en bonne cõpagnie auec applaudiſſement & chants d'allegreſſe, outre
les ſtatuës au vif qu'on leur dreſſoit.
A Rome le triomphe eſtoit ordonné
pour meſme fin auxgeneraux d'armees
qui auoient remporté vne ſignalee vi-
ĉtoire. Et ſans doute l'eſperance de
ceſte gloire leur faiſoit meſpriſer leur
propre vie , & l'employer librement pour le ſeruice de la Republique.
Que ne feroit vn homme pour

entre, si pôpeusement en sa ville? Que
n'entreprédroit-il pour auoir l'hôneur
de donner l'espee & l'ordre de cheualerie à vn Roy, comme fit le Capitaine
Bayard? Et pour parler des autres vacations paisibles, combien verrions-
nous d'orateurs, s'ils gouuernoient le
peuple comme iadis Demosthene &
Ciceron? Combien de poëtes, s'ils receuoient vne coronne de la main d'vn
Empereur, comme il se pratiquoit és
concerts de poësie qui se faisoient au
mont d'Alba? C'estoit honneur sans
profit, neantmoins il y auoit presse à
qui l'emporteroit. Ce qui a esmeu
plusieurs Princes de l'Europe d'insti-
tuer des Cheualiers, obligeans par ceste inuention sans rien desbourser les
plus grands de leur Monarchie. Car
le nom de Cheualier n'estant qu'vn tiltre specieux enflamme toutesfois d'vn
beau desir, vn homme genereux, voyât
qu'il est côfrere & compagnon de son
Roy. Il y a d'autres hôneurs de moindre esclat, comme la dignité de Con-
seiller d'estat, les priuileges, les exem-
ptions de tailles & autres charges que
le Prince peut donner sans grande diminution

minution de ſes threſors. Les Empereurs qui faiſoient eſtat de ſubiuguer
tout le monde recompenſoient bien
leurs ſeruiteurs aux deſpens des prouinces aſſubiecties. Car ils en chaſſoiét
les anciés poſſeſſeurs, & en adiugeoiét
les plus belles terres à leurs Capitaines
& ſoldats, afin de les contenter & obliger à leur rendre du ſeruice en cas de
neceſſité. De là vient comme ie croy
l'origine des fiefs, qui ne ſont autres
choſes que certaines terres aſſignees à
quelqu'vn en recognoiſſance de ſon
merite, à la charge neantmoins de reſ-
pecter le donateur, & de l'aſſiſter en
temps de guerre. Telles liberalitez n'e-
ſtoient que viageres iuſques à l'Empereur Alexandre, qui les rendit hereditaires en faueur des enfans des gens-
d'armes qui viuroient noblement, ne
plus ne moins que les Duchez & ſemblables dignitez, qui ſoubs la premiere
race de nos Roys eſtoient temporel-
les, ont eſté finalement perpetuees &
renduës patrimoniales par la permiſſió
ou conniuence de ceux qui ont depuis
regné. Le grand ſeigneur a retenu l'ancienne couſtume des fiefs, car il ne

K

donne ſes Timars qu'à vie. Ce ſont
pays de conqueſte qu'il diſtribuë à la
mode Romaine à ſes plus affidez &
vaillans ſoldats, à condition de le ſeruir au beſoing à leurs propres deſpens.
Et on tient qu'en la guerre de Perſe il y
a quarante ans, il conquiſt tāt de pays,
qu'il en fit quatre mille Timars. Mais
auiourd'huy que les conqueſtes ſemblent auoir pris fin, qui eſt vn aduertiſſement tacite aux Princes d'enten-
dre à vne paix generale, & ſe contenter de leur fortune, il eſt neceſſaire de trouuer autres moyens de liberalité publique. Nous les auons deſia ſuccinctement repreſentez, & entr'autres auons parlé en paſſant des
benefices Eccleſiaſtiques, moyen particulier aux Princes Chreſtiens pour
exercer leur magnificence, ſans pre-
iudicier à leur domaine. Auſſi ils ont
accouſtumé d'en gratifier leurs bons
ſeruiteurs & vaſſaux. Meſmes les
Roys de France donnoient iadis les
Abbayes à leurs Princes & Gentils-
hommes qualifiez, qui non ſeulement ioüiſſoient du reuenu de tels
benefices, comme ils font auiour-

d'huy, mais aussi en portoient le tiltre, & ne faisoient aucun scrupule
de se nommer Abbez, encore qu'ils
fussent laïques & hommes d'espee. Ce
qui a esté pratiqué depuis le regne
de Charles le Chauue iusques à celuy de Robert. Veritablement les
biens de l'Eglise sont grands, & qui
pis est, trop inegallement distribuez:
car quelques-vns en ont plus que
leur condition ne requiert: d'autres
n'en ont pas assez, & plusieurs n'y ont
aucune part, encore qu'ils en soient
tres-dignes. C'est abus s'est coulé de
longue main, & ne peut estre osté
tout à coup, non plus que beaucoup d'autres maladies d'estat. Il est
donc expedient de laisser le monde comme il est, & permettre aux
beneficiers de iouyr paisiblement
des biens dont ils sont en possession.
Mais puis qu'ils n'en sont qu'vsu-
fruictiers, on peut sans les offenser
apres leur mort apporter vn reglement qui remedie à vn tel desordre. Est-il raisonnable qu'vn seul
homme aye vn benefice qui pour-

roit suffire à quatre ou cinq personnes de pareille qualité?Encore ne se
contête-il pas s'il a vn riche Euesché,
s'il n'adiouste le reuenu de plusieurs
Priorez & Abbayes: cependant il y a
vne infinité de braues Gêtilshommes,
soldats, & autres de diuerses vacations
qui languissent sous le faix d'vne miserable pauureté,ausquels le prince pourroit donner appointement honneste,
si les benefices estoient distribuez côme il appartient, & s'ils n'estoient oc-
cupez par vn petit nombre de personnes. Partant il seroit besoing en cecy,
d'vne double police. La premiere seroit de limiter le reüenu de chaque
Euesché, Abbaye, Prioré, Cüre, &
apres auoir examiné les charges & profits desdits benefices, assigner aux
titulaires autant de terres ou rentes
qu'on iugeroit suffire pour les entretenir honnestement , ayant esgard à
leur qualité, tant pour ce qui concerne
l'entretenement du seruice diuin , que
pour ce qui regarde les autres menus
frais qu'iceux ont accoustumé de sup-
porter. Et du surplus on en accommo-

deroit les perfonnages de merite, notamment ceux qui auroient ferui le
Roy ou le public,& n'auroient efté aucunement ou bien peu recompenfez.
Pour le fecond reglement, il faudroit
deffendre à tous de tenir deux benefices,finon en cas que la modicité du reuenu d'iceux, & la qualité des perfonnes fuffent confiderables. Quelle apparence y a-il de voir vn petit compagnon pourueu de plufieurs benefices,
qu'il a brigué, couru, troqué, mendié
importunément, ou acquis par moyés
peu loüables & legitimes. Les grands
reuenus amenent l'ambition& le luxe,
vices deteftables en vn Ecclefiaftique,
qui doit embraffer la fimplicité & modeftie. Il ne luy faut point entretenir
des leuriers ny oyfeaux de proye. Ce
n'eft pas fon meftier que d'eftre chaf-
feur. Il n'a que faire d'efcuries, pour
les remplir de barbes, hongres, & ge-
nets d'Hefpagne,puis qu'il ne fait pro-
feffion des armes. Qu'il fe contente
d'vn reuenu fortable à fa condition : il
ne fe peut plaindre fi on luy retranche
fes fuperfluitez, pour les appliquer à
vn œuure fi charitable, & vtile, à fça-

uoir la nourriture de ses pauures
compatriotes, recommandables pour
quelques bons offices, afin qu'à leur
exemple tous les autres soient encou-
ragez à bien faire, le peuple soulagé
de beaucoup d'impositiõs que le Prince est contrainct de leuer, pour subue-
nir à la necessité de ses affaires, & remplir les places des coffres, qu'il vuide
tous les iours par faute d'vne telle police. Quelques vns trouueront estrange d'oster aux gens d'Eglise, pour
donner aux laïques. Ie ne le conseillerois pas, si ceux cy n'en auoient
aucun besoing, ou si ceux-là n'abu-
soient point de leurs richesses. Mais on
voit le iuste mescontentemẽt des vns,
& les delices excessiues des autres. Et
encore que ie n'approuue point l'egalité des proprietez receuë anciennemẽt
en Lacedemone & à Rome, il me semble pourtant indigne de voir les benefices si mal departis, qui ont esté fondez & enrichis par la liberalité des gẽs
de bien pour l'entretenement des
Prestres & des pauures. A ceste cause les terres & rentes qui en dependẽt
doiuent estre affectees à ces deux sor-

tes d'hómes. Or eſt-il qu'entre les pauures ceux-là principalemẽt ſont dignes
de compaſſion, qui ont obligé le public
par quelque action notable, de laquelle ils n'ont receu aucun guerdõ. Quãd
doncques ils ſe preſenteront au Prince,
il les pourra recompenſer en pratiquãt
ce que deſſus : & neantmoins exami-
nera auparauant leurs merites auec ſes
meilleurs conſeillers , afin de ſe depe-
ſtrer de pluſieurs importuns , qui ſous
pretexte de quelque cognoiſſãcequ'ils
ont en Cour, pourchaſſent des appointemens dont ils ſont indignes. C'eſt
bien faict d'ouyr les humbles ſupplica-
tions de ſes ſubiects , de receuoir leurs
requeſtes, mais auãt que de les ſigner,
il eſt bien-ſeant de les communiquer à
ſon conſeil : autrement les impudens
emporteront les loyers de la vertu,
& abuſans de la facilité du Prince,
mendieront ſes faueurs par perſonnes interpoſees : qui ſont grandement reprehenſibles , de recom-
mander des gens de paille : mais ils
ſont encore vn autre mal. C'eſt
qu'ils attirent à eux toute la grace

du bienfaict & liberalité du Prince. A
quoy il pourra remedier, s'il faict de-
pescher en sa presence celuy lequel il
veut gratifier,& aussi s'il le renuoye,cô-
me i'ay dict, à son conseil. On n'osera
pas luy presenter des requestes inciui-
les, quand on verra qu'il n'accordera
rien à la legere,& qu'il ne fera rien que
de l'aduis de ses bons officiers.Et pour
mieux se comporter en cecy, deux re-
gistres luy sont necessaires. L'vn qui
soit l'abregé de ses finâces,& de sa des-
pence ordinaire. L'autre qui contienne la liste de ses officiers & domesti-
ques auec les appointemens & dons
qu'ils ont obtenu, eux & leurs parens.
Le premier regiftre luy fera voir ce
qu'il peut dònner. Dans le second il
cognoistra ceux qui sont desia recom-
pensez en offices, ou en argent, & les
renuoyera doucement, lors qu'ils luy
demanderont quelque nouueau don,
afin qu'il fasse part de ses faueurs à ceux
qui n'ont point encore esté pourueus.
Les Roys de Perse auoient vn tel re-
gistre:tefmoing Assuerus,lequel l'ayât
fueilleté,& voyant qu'il n'auoit point
recogneu le signalé seruice de Mardo-

chée le combla de bienfaict & d'honneur, autant qu'vn homme pouuoit
fouhaitter. Car le Monarque oublie
fouuentesfois les merites de ses fubiects, à caufe de la multitude des affaires qui paffent par fes mains, d'où il aduient qu'il ne leur dône rien, si par vne
modeftie naturelle ils font honteux
de demander : & au contraire il donne
exceffiuement aux effrontez importuns, qui obtiennêt les plus beaux benefices & octrois par l'entremife de
leurs corratiers, bien qu'ils n'ayêt rien
merité. Ce qui apporte beaucoup de
mefcontentement. Bafile Macedonien
eftant venu à l'Empire, trouua les thre-
fos efpuifez par ces gens là, tellement
q̃ la premiere chofe qu'il fit ce fut de
leur faire rendre gorge, & rapporter la
moitié des dons qu'ils auoient receus
fans iufte caufe. Mais d'autant qu'il eft
mal-ayfé de r'auoir ce qu'on a donné
il vaut mieux foubsmettre fa liberalité
à la cenfure du confeil, & à l'exemple
de Charles huictiefme declarer nuls les
dons d'vne fomme notable, s'ils ne
font verifiez. Et ne fert de dire qu'il eft
impoffible de regler la defpence d'vn

Monarque attendu qu'il luy conuient
faire aucunesfois des prefens qui doiuent eftre celez. Car tels dons fe font
aux fubiects ou aux eftrangers. Si aux
fubiects, ils en peuuent efperer la verifi-
cation, en cas qu'ils le meritent, &
s'ils en font indignes, ils doiuent prendre patience & fe contenter de quelque petite liberalité qui fera en la pleine difpofition du Prince : car il ne doit
pas pour peu de chofe demãder l'aduis
à fes officiers: & pour ce Charles feptiefme auoit par Edit exprez declaré la
fõme qu'il vouloit prẽdre tous les ans,
pour l'ẽployer felon fon plaifir. Quant
aux eftrãgers, fi on leur affigne vne pẽ-
fion, fi on leur fait quelque prefent en
cachette, c'eft en tẽps de guerre ou de
defiance, afin qu'ils trahiffent leur maiftre, & qu'ils defcouurent fes fecrets. ce
qui ne fe fera point en vne paix vniuerfelle, où il n'y a que les Ambaffadeurs
qui puiffent accepter vn prefent. Mais
cefte liberalité eft publique, honnefte
& moderee : encore ne fera-elle pas neceffaire à caufe de cefte affemblee generale dont nous auons parlé. Bref on
ne peut trop mefnager les finãces d'vn

Monarque, veu que d'icelles depend
la conferuation de fon eftat, & foula-
gemēt de fon peuple, qui eft tc fiours
foulé à l'occafion de fes liberalitez defreglees. Elles feroient bien mieux em-
ployees enuers lespauures, dont le nó-
bre multiplie trop, & fi on n'y donne
ordre, ils ferót capables d'esbranler les
eftats, auffi bien que firent iadis les efclaues d'Italie. Il n'y a rien qui mette
plus au defefpoir vn homme que la
faim & difette extreme. De tout tēps.
on a veu des pauures, & faut neceffairement qu'il en foit, attendu que l'harmonie des Republiques, depend en
partie de l'inegalité des poffeffiós: mais
il faut auoir pitié d'eux, principalemēt
des eftropiez, aūeugles, vieillards, malades & impotēs:& quāt à ceux qui sót
fains & difpos il les faut pareillement
nourrir, & outre leur faire appr̄ēdre vn
meftier s'ils font ieunes, afin qu'ils puiffent gaigner leur vie. Cepēdāt s'ils ont
âge & force fuffifāte on en peut tirer du
feruice. Car les Princes & les villes ont
toufiours affaire des manœuures & hōmes de trauail pour baftir, pauer lesche-
mins, calfeutrer les vaiffeaux, reparer

les murailles ponts & forterelles. Les
premiers Cefars entreprenoient de
grands baftimens qui n'eftoient pas
aucunesfois neceffaires , mais ils vouloient embellir leur Empire, & entretenir beaucoup de pauures gens , qui
autrement fuffent morts de faim. Et les
Venitiens auiourd'huy nourriffent en
leur Arfenac deux ou trois mil perfonnes , fçachans bien que c'eft office de
charité d'employer l'argent public à
l'endroit des pauures, en les faifant trauailler: & à cefte fin les villes bien policees ont des maifons où ils retirent les
neceffiteux non malades , afin de faire
des pepinieres d'artifans , & d'empefcher les vagabonds & faitneans qui ne
demandent qu'à beliftrer , ou à voler.
Il y a de certains pauures , qui ne doiuent pas eftre enfermez ny traictez côme les autres , à fçauoir ceux qui ont
efté ruinez par les guerres, incendie, &
femblables accidens , & font honteux
de mendier. Les aumofnes leur font
mieux appliquees , qu'à ces maiftres
gueux qui n'ont iamais faict autre meftier. Mais pour dire le vray, il eft plus
facile d'empefcher la pauureté deuenir

que d'y remedier quand elle eſtvenuë.
Et partant puiſque l'experience nous
apprend que les guerres,procez & impoſts enuoyent les hommes à l'hoſtel
Dieu, oſtons ces trois cauſes, nous ne
verrons point tant de miſerables mendians. La premiere cauſe eſt plus importante, & les deux autres en dependent : Car à l'occaſion des guerres le
commun peuple eſt chargé d'impoſts,
pillé aux champs par les gens d'armes,
& aux villes par les vſuriers , auſquels
il eſt contrainct d'auoir recours en ſa
neceſſité : & de tout cela on voit naî-
ſtre des procez qui acheuent de ruiner
les maiſons. Donc la paix generale eſt
vn beau moyen pour preuenir ces malheurs. Elle rendra la clef des champs &
la liberté au laboureur, le deſchargera
des creuës qui ſe leuent en temps de
guerre, l'affranchira de la tyrannie des
vſuriers , qui baſtiſſent leur fortune ſur
les ruines d'autruy. Il n'aura plus à
craindre que les procez , dont la paix
ne le peut garantir. Car il ne faut qu'vn
mauuais voiſin , vn vindicatif, vn har-
gneux, pour mettre en procez vn hõme paiſible, & luy faire deſpenſer tout

son bié en chicanerie:ioint qu'il y a des
perſonnes qui ne ſe plaiſent qu'à plaider. Teſmoing ce marchand de Paris,
lequel ne voulut iamais quitter ſes
procez,bien que le Roy François premier l'exhorta de ce faire,& promit de
tranſiger pour luy à ſon profit auec
toutes ſes parties, tant debteurs que
creanciers Tels plaidereaux deuroiēt
eſtre punis à tout le moins par la bour-
ſe , à la façon des Grecs , & Romains,
qui faiſoient gageure ſolennelle-
ment , & conſignoient vne certaine
ſomme d'vne part & d'autre auant
que le procez fut iugé, & on confiſ-
quoit l'argent de celuy qui eſtoit con-
damné. Auiourd'huy telles amendes
n'ont point de lieu ſinon en cauſe
d'appel, & encore elles ſont ſi petites,
que les plaideurs remeraires n'en tiennent compte : mais en Grece elles valoient la dixieſme partie de ce qui
eſtoit conteſté en iugement és cauſes
ciuiles , & la cinquieſme és cauſes criminelles. Or ce mal vient principalement des hommes de pratique , qui
ſoubs pretexte de deffendre leurs parties , allongent induſtrieuſement les

procez, & les veulent rendre immor-
tels pource qu'ils ne viuent d'autre
chofe. Il n'y a faict fi liquide qu'ils
ne rendent douteux. Il n'y a caufe fi
claire qu'ils n'obfcurciffent, aucun arreft dont ils ne faffent furfeoir l'execution par vne fubtilité malicieufe. Ce
qui faifoit dire à Caton, que le Palais
deuoit eftre paué de chauffetrapes.
Que fi les iuges fymbolifent auec telles gens, ou s'ils fe laiffent par eux furprendre, quelle efperance y a-il de voir
la iuftice bien adminiftree : Que fera
vn pauure plaideur quand il verra tant
de remifes en fon affaire qui pouuoit
eftre terminé promptement ? Quel
courage aura-il de feruir fon Prince,
d'honorer les magiftrats, quand il fe
verra confumé en frais auparauant que
d'auo r iuftice? Pour empefcher ce mal,
on a fait en Frāce plufieurs polices, dōt
la plus vtile & fignalee eft l'aboli-
tion de l'office des Procureurs. Car
nos anceftres preuoyans que de permettre vne vacation qui ne fubfifte
que par la naiffance & continuation
des procez, ce feroit faire comme
ces Iuges d'Athenes, qui remirent vne

cause iusques à cent ans, d'autant qu'vn
homme ne cherche pas la fin d'vne
chose qui luy apporte du profit, ils de-
fendirent de plaider par Procureur, sinon en cas de necessité, & falloit alors
impetrer ceste procuration du Prince,
laquelle s'expiroit auec le Parlement,
afin que personne ne s'asseuraît de viure aux despens des plaideurs. Dauantage ils faisoient plaider à tour de roo-
le si exactement, que chacun se pouuoit asseurer d'estre expedié, selon l'ordre qu'il s'estoit presenté pour demander iustice, n'estant permis aux Presidens de donner audience extraordi-
naire sinon les Ieudis. Et pour retenir
les iuges inferieurs en leur deuoir, c'e-
stoit vne coustume generale aux ap-
pellans de les prendre à parties & les
faire adiourner pour venir respondre
de leurs sentences à leurs perils & for-
tunes. Ces reglemens sont bons s'ils
estoient obseruez. Mais Basile Macedonien trouua d'autres remedes. En
premier lieu il assigna certain reuenu à
ceux qui n'auoient moyen de poursui-
ure leur droict. Secondement, pource
qu'il voyoit le desordre qu'apportoit

la

la multitude & obscurité des loix que
chacun interpretoit à sa phantaisie, il
delibera de caller les ordonnances
inutiles & ambiguës. En apres, il establit des iuges sans reproche, & leur
bailla bons gages, leur enioignant de
tenir le siege tout le iour, & de vuider
les procez auec toute equité & diligē-
ce. Finalement il prit la peine de co-
gnoistre les differends & plaintes du
peuple : à quoy il ne manquoit iamais, si d'ailleurs il n'estoit diuerti
pour la guerre, ou pour la depesche
des Ambassadeurs. Mesmes vn iour
estant venu au Palais, & voyant que
personne ne l'abordoit, il enuoya des
gens exprés par la ville de Constantino-
ple pour sçauoir si quelqu'vn auoit des
plaintes à luy faire, & comme il fut aduerti que tout le monde estoit content, il en pleura de ioye & en rendit
graces à Dieu. C'estoient tous actes de
grand Monarque, lequel doit rendre
la iustice à ses suiects, autant aux petis
comme aux grands, aux paysans comme aux nobles. Et cela ne diminuë pas
sa grandeur. Son nom le garantit as-
fez du mespris. Les plus excellentes

L

chofes font communicatiues. Le Soleil iette fes rayons efgallemẽ. fur l'or
& la fange. Les eaux coulent en public
Dieu conferue les moindres animaux
en leur eftre. Pourquoy donc vn Roy
fe cachera-il de fon peuple? Pourquoy
ne fe rendra-il communicable à fes
fubiects, afin de receuoir leurs reque-
ftes de leur main, ouyr leurs doleances
de leur bouche, qui font ordinaire -
ment fupprimees ou defguifees par la
conniuence de fes familiers & domeftiques, qui ne fongent qu'à fe mettre
à leur ayfe, & ne font non plus d'eftat
d'vn paylan ou bourgeois que d'vne
pauure befte? Augufte, Claude, Vef-
pafian, Adrian & autres Empereurs
faifoient-droict aux parties, non feulement eftans affis au trofne de iuftice,
mais auffi en leur chambre, à toute
heure, mefme pendant leur repas, &
lors qu'ils eftoient au lict malades. Mi-
thridates Roy tres-puiffant auoit appris vingt-deux langues, afin d'ouyr les
fupplications de tous les peuples qui
en vfoient. Noftre fainct Loys n'e-
ftoit pas moins curieux de ce deuoir.
Car mefmes au milieu de fes esbats

qu'il prenoit ordinairement au bois
de Vincenne, il se mettoit au pied d'vn
chesne, & là il donnoit audience libre
à ceux qui se presentoient, & de l'aduis
de quelques seigneurs qui l'assistoient,
sur le champ prononçoit sa sentence.
Ie sçay que le Prince ne peut pas estre
par tout : aussi il n'est pas besoing qu'il
s'oblige d'ouyr sans cesse les differeds:
pour le moins il doit donner quelques
iours de la sepmaine à ses subiets, à l'e-
xemple de Charlemagne, & leur permettre de l'accoster lors qu'ils auront
quelque iuste plainte. Cela empes-
chera beaucoup d'iniustices, & con-
traindra les Iuges, Aduocats, &
Procureurs de marcher droict, quand
ils verront que le Prince prendra
cognoissance de leurs actions. A ceste occasion Philippe le Long ordonna que deux seigneurs de la Cour assi-
steroient au Parlement pour voir &
luy rapporter ce qui s'y passoit, & aussi
s'opposer aux Arrests qui meriteroient
censure. Par vne autre ordonnance de Philippe le Bel les Presidens
doiuent rendre compte de trois

ans en trois ans. Mais il ne fera befoing de venir à ces rigueurs fi on eflit
des magiftrats qui ayent de l'aage, du
iugement, de la conftance, & preu-
d'hommie, qui ne foient point fouffre-
teux, qui ne fe laiffent emporter par
faueur ny par crainte, en fomme qui ne
fe faffent point prier pour figner vne
requefte iufte, & ne fe laiffent auffi
amadoüer pour en accorder vne iniufte. Ce n'eft pas peu de chofe que d'e-
ftre iuge. La vie & les bien d'vn chacun dependent de ceft office. Les
Atheniens ne receuoient en la Cour
d'Areopage finon ceux qui eftoient
de noble extraction & de bonne vie:
auffi c'eftoit le plus augufte & fameux
confiftoire de iuftice qui fut oncques,
& mefmes on tient que les mefchans
qui par faueur ou diffimulatió de leurs
vices s'eftoient fait receuoir en iceluy
changeoient incontinent de naturel, &
deuenoient gens de bien comme s'ils
euffent efté diuinement touchez par le
genie du lieu & de cefte notable affemblee. Or d'autant que nous ne fommes
pas en vn fiecle de telle perfection, le
Prince doit d'autất plus eftre foigneux

de cognoiſtre les deportemens des iuges'& les examiner côme toute autre
choſe d'importance auec ſon conſeil,
& ſur tout leur enioindre d'expedier
promptement les procez, ſans s'amuſer
à tant de formalitez ſuperfluës. Il ne
faut precipiter les iugemens, mais auſſi il ne faut pas les differer quand le
droiĉt eſt apparent, ſous couleur de petites ſupercheries prouenantes de l'inuention de ceux qui n'ayans pas bonne cauſe ne veulent iamais ſortir d'affaire. Il y a en cecy aucuneſfois de la
faute des iuges, qui ſont trop léncs à
rapporter vn procez, & ſont trop in-
dulgens à l'endroiĉt des chiquaneurs,
qui ne manquent point de pretexte
pour retarder ou embroüiller vne cauſe. Les iuges doiuent rembarrer voire
meſmes chaſtier ces gens là, pource
qu'ils donnent ſubieĉt au peuple de
murmurer contre le plus ſainĉt ordre
du monde, veu qu'on a tant de peine
à obtenir iuſtice. La deciſion des procez n'eſt pas choſe ſi mal aiſee qu'il faille y apporter tant de remiſes. Si la queſtion eſt de faiĉt, l'enqueſte ou infor-
mation l'eſclairciſſent, qui ne requie-

L iij

rent pas grande subtilité. Les que-
stions de droict sont la plus-part pre-
iugees par les loix, Edicts, coustumes & Arrests qui ont esté donnez sur
cas semblables. Car les accidens & ne-
goces sont compris en nombre deter-
miné. S'il y a quelque circonstance
qui les varie, on peut aysement voir
si elle est considerable. Mais on faict
souuentesfois d'vne mouche vn Ele-
phant, & les praticiens auec leur stile
& routine trouuent tousiours quelque
alibi pour accrocher vn procez, & auec
cela les iurisconsultes au lieu de desuelo-
per vn fait, ont accoustumé de l'obscur-
cir par leurs interpretatiōs. Ce vice ne
leur est pas familier d'auiourd'huy. Il y
a plus de seize cens ans que Ciceron
s'est plainct des consultans de son aage
qui pour paroistre habiles en leur me-
stier, d'vne hypothese simple en faisoient plusieurs, vsans de diuisions &
subdiuisions afin de rendre la chose
plus difficile. Le texte des loix est
clair & intelligible. S'il y a quelque
defaut, que les iuges le suppleent par
leur sagesse & equité, sans auoir recours à vne milliasse d'interpretes qui

ne s'accordenr entr'eux non plus que
les horloges, & causêt des fcrupules &
diftractions d'efprit par la diuerfité de
leurs opinions. Ce qui engendre &
nourrit les procez, & les faiƈt durer fi
longuement qu'on n'en peut voir la
fin. C'eft pourquoy les peuplades
d'Hefpagnols aux Indes auoient raifon de prier leur Roy de ne leur enuoyer aucuns Aduocats. Car les peuples groffiers viuans à la naturelle font
plus à leur ayfe que ceux qui employêt
leur fubtilité en tromperies. Mais
puis que les procez font fi ordinaires
aux nations de l'Europe qu'on n'en
peut couper la racine, il faut empefcher qu'ils ne pullulent, & donner or-
dres qu'ils foient iugez le plus prom-
tement que faire fe pourra. Le Senat
Romain auoit vne belle couftume
en caufes criminelles de continuer
l'audience trois iours confecutifs,
pendant lefquels ils efcoutoient les
parties tout à loifir, auec les tefmoins,
& ne fortoient point de la chambre auparauant que le Soleil fut couché. Et
pour le regard des caufes ciuiles, Vef-
pafian y pourueut fagement. Car ayât

recogneu les roolles qui s'eſtoient en-
flez par l'iniure du temps, il choiſit des
hommes auſquels il donna commiſ-
ſion de reuoir ſoigneuſement & iuger
les procez qui ſembloient ne pouuoir
eſtre terminez durant la vie des parties. Vn procez eſt de mauuaiſe garde.
Il produiɛt de pareils effeɛts que les
armes, &n'y a rien qui appauuriſſe plus
vn peuple en temps de paix ſi vous exceptez les tailles , qui donnent ſub-
ieɛt de grandes plaintes. Ie ne ſerois
pas d'aduis qu'on fit comme Neron
qui reſolut d'affranchir de ſubſides
tous ſes ſubieɛts : Vn Monarque a beſoin de quelques contributions pour
entretenir ſa grandeur , & aſſeurer ſon
eſtat, mais il doibt en cecy vſer de moderation, ſans s'amuſer à la maxime de
certains flateurs. *Qu'il n'y a pire greſſe*
que celle d'vn peuple. Tels hommes rom-
pent l'amitié mutuelle qui doit eſtre
entre le Prince & ſes ſubieɛts. Les Hiſtoires nous donnent infinis exemples des changemens qui arriuent à vn
eſtat à l'occaſion des impoſts. Et puis
que les tailles n'ont eſté premieremẽt
ordonnees que pour ſubuenir aux frais

de la guerre, & mefmes que nos Roys
proteftent de les abolir cefte caufe çef-
fante, quel pretexte auront ils de les
continuer en vne paix generale ? Or le
plus grand mal que l'on commette en
cela, gift en la procedure de la leuee
des deniers. Car on ne fe contente
pas de taxer les pauures autant que les
riches, le plus fouuent ceux-cy ne
payent rien & ceux-là fupportent tout
le faix. Pour à quoy remedier les tailles deuroient eftre par tout reelles, côme elles font en Prouence & Languedoc, ou mixtes ainfi qu'elles eftoient
en la ville de Rome, ou chacun payoit
l'impoft felon fes moyens lefquels il
bailloit par declaration, & on punif-
foit rigoureufement ceux qui celoient
leurs biens. On a voulu depuis peu remettre cefte couftume, mais quelques
vns l'ont empefché par des raifons affez friuoles. Car les Romains s'en font
bien trouuez, & Tite Liue la louë côme la plus belle police & la plus falutai-
re que puiffe auoir vne grande monarchie, attendu que par ce denombrement on verroit non feulement fes richeffes, mais auffi les forces qui confi-

ſtêt en la multitude du peuple. On en-
regiſtreroit l'aage, la force & la qualité
des habitans, & ainſi on cognoiſtroit
combien on pourroit fournir & entretenir des gen de guerre en vne neceſſité. Le dernier Empereur de Conſtantinople voyant que le Turc s'appre-
ſtoit pour enuahir ſon eſtat, s'aduiſa,
mais bien tard, de faire vn denombrement de ſa ville capitale, où il trouua
ſi petit nombre de combattãs, qu'il fut
contrainct de le celer, enioignant à
ceux qui en auoiêt dreſſé le regiſtre de
le tenir ſecret. Que ſi dés le commencement de ſon Regne il euſt recogneu ſon peuple, il euſt eu loiſir d'y
pouruoir. Or laiſſant à part les autres
vtilitez qu'on peut tirer du denombrement des perſonnes & des biens, il
eſt aiſé à iuger, comme il eſt important
pour le faict dont il eſt queſtion, afin
que chacun ſoit cottiſé à raiſon de ce
qu'il peut payer. Autrement les pauures ſeront iniquement foulez en la leuee des impoſts, en laquelle il ſe trouue
encore vn autre mal. C'eſt que les deniers paſſent par tãt de mains, ſpecialement en France, qu'on a remõſtré n'a-

gueres à vn de nos Roys, que d'vn efcu
il n'entroit pas vn tefton en fes coffres,
le refte eftant employé aux frais des officiers. Les Turcs fe dónent bien garde de cela, & ont fort peu de gens qui
manient les finances. Mais quoy? ils ne
vendent point les eftats : & ne les font
hereditaires. Cóclufion. Ce font deux
mauuais pilliers de monarchie que les
impofts exceffifs & la venalité des offices. Le Prince a d'autres moyens plus
legitimes; & quand il n'auroit que fon
domaine & fes droicts ordinaires, il auroit dequoy magnifiquement entretenir fon train, fans inuenter nouueaux
fublides. Et fi le domaine eft engagé
ou aliené, par le malheur du temps
paffé, il le doibt rachepter. Car on
fçait qu'il n'eft iamais vendu la moitié de ce qu'il vaut, & le peuple con-
tribueroit volótiers pour vn fi bó effet,
afin d'eftre defchargé des exactions
qu'il fupporte. C'eft par là qu'vn Prince
doit commencer le mefnage de fes fi-
náces, lefquelles cependát il peut aug-
méter honneftement par vne impofitió
fur les marchádifes qui fe tráfporterót
hors de fon pays, & fur celles qui y

feront apportees. Vn Prince doibt auoir part au profit de ceux qui trafiquent en fa feigneurie, ou des biens d'icelle. Et fi les marchandifes qui fe trãhfportent font neceſſaires à la vie humaine, il n'y a point de danger qu'il mette fus elles vn bon impoſt, comme auſſi fur les delicateſſes, friandifes & fuperfluitez qui feront apportees en fon Royaume. En quoy il n'eſt pas befoing de faire diſtinction entre le marchand fubiect & l'eſtranger, comme pluſieurs Princes font auiourd'huy. Car la condition du trafic doibt eſtre par tout efgalle, principalemẽt en vne paix vniuerfelle, où il eſt queſtion de fe maintenir en bonne intelligence auec tout le monde. Mais fi le Prince veut bien faire fon profit, il trafiquera, & aura des vaiſſeaux fur mer pour negotier auſſi bien que les particuliers. Pourquoy ne prendra-il pas le train d'vn marchand pluſtoſt que d'vn tyran ou exacteur? C'eſt folie de penfer que la negotiation deroge à la nobleſſe. Cela eſt bon à dire pour des merciers, tauerniers, & autres petits courtaux de boutique, & non pour des hommes

qui enuoyent leurs facteurs en diuerses prouinces, pour faire vn profit hô-
neste en accommodant le public. Aussi
beaucoup de Princes auiourd'huy se
mocquent de tel scrupule, recognoissans qu il n'y a gain plus legitime que
celuy du trafic. Ie ne parle point de la
pesche des perles, ny des mines, dont
plusieurs Roys tirent de grãds profits:
ny des confiscations & autres parties
casuelles, qui peuuent fort augmenter
leurs thresors. Ils ont aussi vn autre
moyen iadis pratiqué par les Empereurs de Rome, à sçauoir de bailler argent à interest à raison du denier vingt,
en prenant bonne caution. Cela seroit
grandement vtile aux pauures : car ils
ne seroient point rançonnez par les
vsuriers, & trafiqueroient de l'argent
du Prince en payant vn leger interest.
D'ailleurs le Prince y gaigneroit beaucoup s'il prestoit vne somme notable,
& metroit ses finances en seureté.
Mais il faudroit premierement desga-
ger son domaine, attẽdu qu'il n'y a pas
d'apparence de prester quand on doit,
encore moins de faire prouision de
grains, comme il est necessaire pour

obuier à la difette & neceſſité publique qui peut ſuruenir. Auſſi c'eſtoit le
plus grand ſoing qu'euſſent les magiſtrats Romains d'auoir des magazins
de bled qu'ils faiſoient venir de tous
coſtez, ſpecialement d'Afrique & d'E-
gypte, dont l'vne leur en tourniſſoit
tous les ans pour huict mois, & l'autre
pour quatre. Que ſi d'auenture le bled
eſtoit cher outre meſure, ils encou-
roient la hayne du peuple, qui crioit
apres eux & ſouuent les attaquoit en
leurs perſonnes, en leur iettant de la
boüe, des pierres, ou du fumier, comme il fit au conſul Bibulus. Il n'eſpar-
gnoit pas meſme les Empereurs. Teſmoing Claudius, à qui on ietta des bri-
bes de pain auec iniures atroces en
plein marché, & s'il ne ſe fut ſauué, il
couroit plus grande fortune. Le bon
Antonin receut des coups de pierre en vne ſemblable mutinerie, laquelle on peut preuenir, ſi à l'exemple de
Ioſeph on faict prouiſion de bled pour
pluſieurs annees, qui ſoit diligemment
gardé & renouuelé és greniers publics
qui pour cét effect ſeront eſtablis en
chaque ville, comme ils eſtoient iadis

& font encore en quelques citez bien
policees. Mais il n'eft pas expedient de
donner gratuitement le bled , felon la
couftume de Rome, d'autant que cela
cauferoit vne oifiueté au peuple, & ef-
puiferoit les finães: encore moins faut
il imiter Nicephore Phocas qui repliſ-
ſoit ſes greniers de froment & le reuē-
doit à ſon plaiſir en la chere annee. Il
ſuffit d'en faire vn amas pour le diſtribuer à iuſte prix en vn temps de ſterili-
té, & famine. En quoy le Prince mon-
ftrera ſa preuoyance & le ſoing qu'il a
de ſes ſubiects , qui grondent quãd ils
ne voient point de bled au marché, &
imputent à leur ſouuerain le malheur
d'vne annee, cõme s'il deuoit eſtre ga-
rãd de la temperature de l'air & faueur
du ciel. Et de faict les Roys des Indes
s'obligent par ſerment ſolemnel à leur
ſacre, de faire en ſorte que le Soleil cõ-
tinuera ſon cours , & la terre produira
vne abondance de fruicts. Il faut donc
contenter le peuple de ce coſté là, veu
que ſur toutes choſes il demande du
pain & des ieux, ſelon le dire du poëte
ſatyrique. Ce qui vient à propos pour
noſtre ſixieſme moyē, à ſçauoir recrea-

tiõ licite, enlaquelle il eſt bon d'entretenir les hommes pour les diuertir des
mauuaiſes pẽſees. Car puis que tout le
móde ſe porte naturellemẽt à la volupté, c'eſt prudence à vn Prince de dõner
ou permettre à ſon peuple quelque
honneſte paſſetemps & plaiſir licite,
ſpecialement les ieux de prix, les ſpe-
ctacles du theatre, & autres exercices
recreatifs, qui ne diminuent point le
patrimoine, profitent aux corps, & apportent du contentement à l'eſprit. A
ceſte fin tendoient les combats de luicte, de courſe, & les concerts de Poë-
ſie & muſique anciennement vſitez,
non ſeulemẽt pour fortifier le corps &
exciter l'induſtrie de ceux qui conte-
ſtoient, mais auſſi pour reſiouïr les aſſi-
ſtans. Les tragedies & comedies
auoient vn meſme but, eſquelles les
Atheniens employoient le reuenu de
leur hoſtel de ville, & eſliſoient vn
magiſtrat particulier pour fournir aux
frais des baſteleurs. Les Romains les
imitoient voire les ſurpaſſoient en cela. Car outre le plaiſir qu'ils prenoient
aux ieux du theatre, ils auoient les ſpe-
ctales de la carriere, du Coliſee, des
                              Naumachies,

Naumachies, que les Magiſtrats faiſoient magnifiquement repreſenter à
l'enui l'vn de l'autre. Pluſieurs reprou-
uent les comedies, côme pernicieuſes
aux bonnes meurs à cauſe de leur laſ-
ciueté. Les Maſſiliens les auoient en
horreur, & les defendoient expreſſement. Mais leur conſideration n'eſtoit
pas vallable. Car il ne faut iamais rebu-
ter vne choſe pour vn abus qui s'y cô-
met. Que s'il eſchappe aux baſteleurs
parmy tant de diſcours vn traict laſcif,
leur art pour cela n'en doibt pas eſtre
moins eſtimé, veu qu'il n'eſt qu'vn image de la vie, vne repreſentation de
ce qui ſe faict, & non pas vne exhor-
tation de ce qui ſe doit faire. N'eſt-
il pas ridicule, de blaſmer la comedie,
& en donner le ſubiect, de ſe plaire aux
actions vitieuſes, & deteſter les paroles de meſme qualité ? Les hommes ne
ſortent point du theatre plus mal mo-
rigerez. Ils ſont corrompus auparauât
que d'y venir. Qu'ils ſe reformêt bien
en leur maiſon: on ne fera plus de farce
ny de comedie. Qu'ils donnent bon
exemple à leur famille, ils n'auront
dequoy craindre la corruption de la

M

ieuneſſe. Mais tandis qu'ils feront des
meſchancetez ou vilenies, il ſera beſoing de les mettre en euidence, afin
que le peuple les euite, ou s'en moc-
que. Telle recreation eſt approuuee
par Ariſtote, & meſmes les principaux Docteurs des Chreſtiens la re-
commandent auec certaines modifi-
cations, comme choſe tres neceſſaire. Pource que l'homme eſtant compoſé d'ame & de corps, & ces deux
ſubſtances eſtans bornees elles ne peuuent pas ſupporter vn perpetuel trauail: partant il leur faut donner quelque relaſche, & delectation, laquelle
on ne leur peut mieux procurer que
par les ieux du theatre, qui reſiouiſ-
ſent egalement la veuë & l'ouye; en
quoy conſiſtent les voluptez que les
Philoſophes appellent humaines, afin
de les diſtinguer des voluptez bruta-
les, à ſçauoir celles du gouſt & de l'at-
touchement. Bref on ne doit interdi-
re ce paſſetemps, puis que le ſage So-
crate vient ouir le bouffon Ariſtopha-
ne, & le graue Caton deſire voir les
florales. Toutesfois pour donner plaiſir ſans ſcãdale, rien ne me ſemble plus

propre que la mufique, de laquelle tout
hôme eſt amoureux, exceptez quelques
mechaniques ou bien ceux qui ont l'a-
me mal diſpoſee. Certainement nos eſprits ont vne grãde inclination à l'harmonie, & gouſtent ſa douceur auec
plus d'attention & rauiſſemẽt que toute autre choſe. Ses merueilleux effects
ont contrainct les deux plus politiques
Philoſophes de dire que pour regler
les mœurs il falloit apporter vn reglement à la muſique, & que d'icelle
dependoit la manutẽtion d'vn eſtat. Ie
ne m'arreſteray pas à examiner ceſte
maxime, mais il faut aduoüer qu'il n'y
a choſe qui puiſſe plus addoucir les hõmes & les rendre paiſibles. Teſmoing
ce peuple d'Arcadie, qui deuint farou-
che & cruel, pour auoir quitté la muſique, en laquelle ſelon la couſtume du
pays vn chacun eſtoit tenu de s'exercer iuſques à l'aage de trente ans. A
quoy l'Empereur Solymã deuoit pẽſer,
lors que le Roy François premier luy
enuoya par forme de preſent des chan-
tres auec luths, violes, & muſique choi-
ſie. Il eut quelque tẽps la patiẽce de les
ouyr, mais voyãt que ſa cour y prenoit

plaifir, il renuoya les muficiens, & fit
ietter dans le feu leurs inftrumens &
leurs liures. Cefte action eft barbare,
& a pour fondement vne fauffe opinió
à fçauoir, que la mufique rend les hómes effeminez, comme fi Achilles euft
perdu fa generofité en ioüant de fa ly-
re, où les Lacedemoniens euffent efté
moins vaillans qui alloient au combat
au fon des fluftes. La mufiquen'emouf-
fe aucunement la pointe des courages,
au contraire elle nous anime à la vertu
par vn fecret enthoufiafme , en touchant l'ame d'vn celefte plaifir, & def-
racinant peu à peu toute inhumanité
& felonnie. Le vulgaire appelle cela
delicateffe & lafcheté , en quoy il fe
trompe, attendu que ces vices n'ont
rien de commun auec la douceur &
manfuetude, vertus côuenables à l'hóme. Et quand la mufique apportera
quelque alteration aux meurs , comme les chofes les plus falutaires aucunesfois sôt mal appliquees par la faute
de ceux qui en vfent, ce fera le deuoir
des cenfeurs d'y apporter remede, auffi bien qu'aux autres abus. Ce magiftrat
eft neceffaire pour l'accompliffement

d'vne parfaicte police. Sa charge confifte à faire le denombrement, & à reformer les mœurs. Quant au denombrement nous en auons monftré les
vtilitez. Mais la reformation eft encore de plus grande cófequence. Car on
ne peut bien efperer d'vn Royaume,
oùles meurs font defreglees. Les iuges n'y donnent point ordre, pour ce
qu'ils ne puniffent que les crimes, &
paffent par conniuence beaucoup de
vices qui minent infenfiblement vn
eftat. Ils ne contreroolent point les enfans defobeïffans à leur pere, ils laiffent
viure à la desbandade les rufiens, maquereaux, pariures, ioüeurs, breflan-
diers, yurógnes. querelleux, & faineás.
Et neantmoins de telles gens viennent
les feditions& ruines des republiques.
Ie fçay bien qu'il ne les faut pas punir
fi rigoureufement que les voleurs &
meurtriers: auffi la puiffance des cenfeurs ne s'eftend pas iufques-là que de
co ndamner à mort ny mefme à empri-
fonnement. Tout ce qu'ils pouuoient
faire à Rome, c'eft de noter publiquement ceux qui viuoient mal, en de-
gradant vn chacun felon fa qualité. Si

le delinquant eſtoit Senateur , ils
luy defendoient l'entree du conſeil: ils
oſtoient l'ordre à vn cheualier, & le
droiɛt de bourgeoiſie à vn ſimple ci-
toyē. Ceſte ignominie faiſoit plus d'ef-
feɛt que toutes lesloix & ordonnances
des iuges: car encore qu'elle fit plus de
honte que de mal, il ne ſe trouuoit hôme ſi effronté, qui ne redoutaſt le iugement du Cenſeur. Il eſt vray que ce
magiſtrat n'eſtoit donné qu'à ceux qui
auoient de l'authorité pour leur aage &
preud'hommie. L'apprehenſion du
deshonneur ſert de bride pour arreſter
les plus meſchans: & encore qu'ils faſ-
ſent profeſſion d'impudence, ſi eſt-ce
que pluſieurs ne veulent pas eſtre recogneus tels qu'ils ſont , ny eſtre ex-
poſez à la mocquerie du peuple , comme ils ſeroient apres auoir eſté biffez
& ignominieuſement traiɛtez par les
cenſeurs. On verroit alors ces vauriens
aller la teſte baiſſee, n'oſer paroiſtre en
compagnie: on les monſtreroit au doigt,
afin de les fuir comme peſtes. Ce qui
ſeruiroit d'exemple pour apprendre à
viure honneſtement. Quelqu'vn pourra dire que ce temps ne reçoit pas vne

telle feuerité, & que les hommes d'auiourd'huy ne fe gouuernent pas à la façon des anciens. Et ie refponds que cefte maxime eft fauffe, & côtraire à l'experience, à la raifon, & à l'authorité du
fage qui nous enfeigne. *Que rien ne fe*
voit nouueau foubs le Soleil. Les actions
& euenemens font nouueaux en leur
indiuidu, mais les efpeces ont toufiours efté comme à prefent. Les mefmes caufes qui ont iadis conferué les
monarchies, les peuuent encore maintenir, & auffi elles fe ruinent par les
mefmes moyens que le temps paffé.
Ceft vne lafcheté de courage ou vne
malice extreme de voir le defordre,
& n'y vouloir appliquer le remede,
& quand on propofe quelque expedient d'alleguer pour toute raifon,
que c'eft vne police du vieil temps.
Telles reparties font familieres à ceux
qui ne fçauet que dire, ou qui ne trouuent rien de bon, que ce qui vient de
leur ceruelle. Auffi ce n'eft pas à eux
à qui on doit demander confeil,
touchant le reftabliffement de la
cenfure. S'il eft queftion de confif-
quer les mauuaifes marchandifes,

on ne prendra pas conſeil de ceux qui
les vendent. Quand les legiſlateurs
ont ordonné des peines, ils n'ont pas
conſideré les affectiós des coulpables,
& ne leur ont pas demádé aduis. Que
les Roys donc remettent la cenſure,
ſans auoir eſgard à ceux qui s'y trouuét
intereſſez, & qu'ils ne mettent point
en deliberation s'il faut reformer les
meurs, puis que c'eſt vne choſe necef-
ſaire qui a maintenu ſi long temps
l'Empire Romain, & de laquelle enco-
te auiourd'huy quelques republiques
ſe feruent. Or pour bien enfourner ceſte reformation il la faut commencer
par l'inſtruction de la ieuneſſe, de laquelle iadis on auoit tant de ſoing, &
maintenant on n'en tient quaſi conte,
pource que les Magiſtrats s'en rapportent aux parens, & ceux-cy laſchent la
bride à leurs enfans. Ce qui eſt dautant plus dangereux en ce temps que
la puiſſance des peres eſt aneantie. Car
lors qu'ils auoient authorité ſouueraine ſur les enfans, ils les chaſtioient
ſelon leur volonté, & meſmes les faiſoient mourir ſans cognoiſſance de
cauſe, la iuſtice preſuppoſant qu'vn

hôme ne feroit pas fi defnaturé de battre ou tuer fon fils fansvn grand fubiet.
Maintenãt que la crainte de cefte puiffance paternelle eft oftee,&que les enfans fe licentient de telle forte, qu'ils
font la loy à leurs peres,& aucunesfois
les outragẽt d'effect ou de parole,pour
euiter les malheurs qui en peuuent arriuer, il faut que la republique entre-
prenne cefte charge, & qu'elle commette des magiftrats pour auoir foing
particulier de ces ieunes plantes, afin
qu'elles produifẽt de bons fruicts. Les
Lacedemoniens entendoient bien cela, qui ne permettoient pas aux peres
de nourrir leurs enfans à leur mode,
mais les diftribuoient par bandes dés
l'aage de fept ans, & les donnoient en
charge à vn Magiftrat eftably pour ceft
effect, qui les faifoit boire & manger
enfemble publiquemen ,& les accou-
ftumoit à mefmes exercices. Mais ils
failloient en ce qu'ils ne leur monftroient principalement qu'à luicter,&
& à fe battre. Car outre ce que la luicte
eft trop violéte & peut facilement ga-
fter le tendre corps des enfans , ils apprenoient à deuenir fiers , querelleux

à ⸱ bares, qui font qualitez indignes d'vne publique difcipline. Ariftote ⸱ouue plus à propos de les inftruire aux arts liberaux. Et pour en parler plus diftinctemēt, ie confeillerois que iufques à quatorze ans, on leur fit apprendre à lire, efcrire, & cōpter d'auantage qu'on leur dōnaft la cognoiffance des loix & antiquitez de leur pays, à la façō des enfans Romains qui apprenoient par cœur les loix des douze tables. Les Candiots mettroient leurs ordonnances en mufique, afin de les faire couler dans les tendres efprits auec plus de facilité & plaifir. Outre cela, ils leur monftroient les hymnes compofez en la loüange des Dieux & des hōmes illuftres. C'eftoiēt toutes leçons d'honneur, & qui meritent d'eftre renouuellees. Ie ferois auffi d'aduis qu'ō enfeignaft aux enfans les lāgues eftrāgeres qui ont plus de vogue parmy leurs compatriotes, comme la Grecque & Lati e entre les Chreftiēs, & l'Arabique entre les Mahumetains. Cefte fciēce ne leur feroit point inutile, elle efclairciroit leurs efprits, & leur apporteroit du contentement quand ils fe-

roiết plus grands, s'ils vouloient s'ad-
uancer plus auant és estudes de Theo-
logie, medecine, iurisprudence & Phi-
losophie: sinon, ils pourroiết tousiours
se väter de n'auoir point passé inutilement leur enfance, comme font plusieurs qui sont accoustumez dés le ber-
ceau à niaiser & folastrer, en sorte qu'au
bout du tếps ils ne sçauết que des soti-
ses. Ne vaut-il pas mieux faire gouster
aux enfans les bonnes disciplines, en
attendât qu'ils soiết plus robustes, &
alors il sera bó de leur faire exercer al-
ternatiuement le corps & l'esprit, afin
qu'ils sçachent non seulement bien dire & iuger de toutes choses, mais aussi
se defendre courageusemết en vne necessité. A ceste fin depuis quatorze ans
ils apprendont à manier vn cheual, nager, sauter, & tirer des armes, en conti-
nuant toutesfois leurs premiers exercices cy dessus specifiez iusques à l'aage de 18. ans. Et alors on les rendroit à
leurs peres, qui receuroient vn extreme plaisir. Et cóme les Gaulois ne vou-
loiết voir leurs enfans qu'ils ne fussết
propres à porter les armes, aussichacun
se resiouïroit voyant son fils capable

de paroiſtre en guerre & en paix. Il luy
feroit prendre vne vacation ſortable
à ſa qualité,& au lieu que les enfans auiourd'huy ſont reueſches, il le trouueroit ſouple à ſes commandemens , & à
la raiſon,par le moyen de la bonne inſtruction qu'il auroit receuë. D'autre
part le Prince auroit vne pepiniere
d'hommes de conſeil & de main, qui
l'aſſiſteroient au beſoing. Il cognoiſtroit ceux qui le pourroient ſeruir en
quelque façon que cē ſoit,& ſans auoir
recours aux eſtrangers, trouueroit entre ſes ſubiectsvne infinité de bons officiers ſoldats & artiſans. Certainement il n'y a rien de ſi grande importance que l'inſtruction de la ieuneſſe.
C'eſt le fondement d'vn eſtat , l'appuy
de la tranquilité que nous cherchons.
Les cenſeurs dóc y doiuent auoir l'œil.
Et afin que perſonne ne s'alentiſſe d'oiſiueté , ils contraindront vn chacun de choiſir vn genre de vie , apres
qu'il ſera ſorti de l'Academie publique.
En quoy ie ne puis approuuer la couſtume des Ægyptiens & Lacedemoniens , qui vouloient que les enfans
fuſſent d'vn meſme meſtier que leur

pere, tellemēt que le fils d'vn cuiſinier
eſtoit cuiſinier,& le fils d'vn audiēcier
ne pouuoit aſpirer à aucun office plus
honorable.C'eſtoit fermer la porte à la
vertu & induſtrie. Il vaut bien mieux
laiſſer ceſte eſlection libre aux ieunes
hommes , afin qu'ils s'addonnent à vn
exercice,où leur naturel & capacité les
portera,ſoubs le bon plaiſir toutesfois
du Prin ꝛe,duquel ils doiuent eſtre au-
thoriſez pour exercer quelque vacation. Car ſi tous vouloient eſtre d'vne
condition , le public y ſeroit notable-
ment intereſſé. Occaſion pourquoy
il eſt beſoing d'apporter vn reglement
en cecy ,afin qu'en vne ville il ſe trouue toute ſorte d'eſtats ſuffiſamment,
& que les vns ne ſe multiplient exceſ-
ſiuement au preiudice de la Republique. Car il n'eſt pas à propos que les
ſubiects ſoiēt tous ſoldats pour les inconueniens qui en peuuent arriuer,
qui furent bien preueus par le Roy
François, lors qu'il caſſa les legionnai-
res. Il n'eſt pas auſſi expedient d'auoir
tant de iuges,Preſtres,Religieux,Pro-
cureurs, Aduocats, praticiens , & Ser-
gens,dont la grande multitude affoi-

blit les Royaumes. Il eſt beſoing que
tous ces gens-là ſoient reduiɛts à vn
certain nombre, & conuenable à l'e-
ſtenduë de leur ville ou prouince. A
quoy les cenſeurs pourront facilemēt
pourueoir, puis qu'ils ont la charge de
faire le denōbremēt du peuple & d'en-
regiſtrer les noms & qualitez d'vn chacun. Quant aux Gentils-hommes on
n'en peut pas regler le nombre, attendu qu'il depéd de la fortune des familles nobles. Il ſuffira de les retenir en
leur deuoir par l'apprehenſion d'vne
infamie, au cas qu'ils cōmettent quelque indignité, & les ſoubſmettre à la
cenſure comme les autres en ce qui
touche le reglement des mœurs. Et
pour le regard des laboureurs, artiſans
manœuurés, & generalement de tous
marchands trafiquans par mer ou par
terre, la grandeur & le profit des eſtats
depend d'eux totalement, de maniere
qu'on ne doibt pas en craindre la multitude. Seulement il faut prendre garde qu'ils n'entreprénent les vns ſur les
autres, & qu'vn chacun ſe contienne és
bornes de ſon meſtier, pour euiter cō-
fuſion & diſcorde. Voila les moyens

d’entretenir la paix particulieremét en chaque monarchie. Il y en a d’autres plusvniuerfels, qui concernent la bonne intelligence de tous les Souuerains refpectiuemét l’vn auec l’autre, dont le premier & le plus important eft, qu’ils fe contentent des limites de leur feigneurie, qui leur feront prefcripts par la generale affemblce, de laquelle nous auons parlé. Ce poinct eftant gaigné il faudra aduifer à ce que les particuliers de diuerfes nations fe puiffent hanter & trafiquer enfemble en affeurance, & que s’il furuient quelque procez ou difpute entr’eux, que le magiftrat du lieu les accorde promptement fans faueur ny acception de perfonne. Car puis qu’il s’agift d’vne paix vniuerfelle, il faut rendre la iuftice aux eftrangers, & ne permettre point qu’ils foient offenfez en aucune forte par les originaires du pays, quand ils y viendront pour leurs affaires ou mefmes pour leur plaifir. Les Romains auoiétvn preteur deftiné pour iuger les caufes des eftrangers. Il fera bon de faire le mefme en chaque ville & bourgade, ou les eftrangers font fouuentesfois

pillez & outragez impunément par
la conniuence des magiſtrats, qui n'en
font aucune raiſon. Et neátmoins l'iniure faicte à des particuliers cauſe aucunesfois des guerres publiques. Les
Suiſſes ſe banderent contre le Duc de
Bourgongne pour venger le tort faict
à vn de leurs Bourgeois à qui on auoit
volé vne chartee de peaux de moutó.
Or la paix vniuerſelle eſtant eſtablie il
n'y a aucune doubte que pluſieurs
mauuais garnimens s'efforceront de la
troubler par toute ſorte d'artifices,
& pour accomplir leur deſſeing feront
mil indignitez aux marchands forains,
& les attaqueront en leurs perſonnes,
ou en leurs biens, afin de les eſtranger,
& rompre la communication mutuelle, qui eſt le ſeul lien d'amitié & d'alliance. Partant il ſera neceſſaire de
peur qu'on ne ſoit contrainct d'vſer de
repreſailles, qui ne font qu'altcrer la
paix, que chaque Prince prenne en ſa
ſauuegarde les eſtrangers à l'encontre
de ſes ſubiects, au cas qu'ils ſoient par
eux moleſtez. Ie dis à l'encontre de ſes
ſubiects, car il n'eſt pas licite de preſter
ſecours à vn homme reuolté contre
　　　　　　　　　　　　　　　　ſon

ſon Souuerain. En quoy le Roy François premier fut mal conſeillé, quand
il receut Robert de la Marche contré
Charles cinquieſme Empereur, & pour
reparer la faute, quelques annees apres
d'vn cœur trop magnanime il refuſa
les offres tres-aduantageuſes des Gantois, qui imploroient ſon ſecours contre ledit Prince. Et toutesfois il auoit
plus d'occaſion de prendre le faiã &
cauſe de ces peuples, comme de ceux
qui eſtoient ſes naturels ſubieãs, & qui
d'ancienneté releuoient de la France.
Le |Roy Loys vnzieſme auoit faiã la
meſme faute de receuoir les Liegeois
en ſa proteãion. C'eſt pourquoy és
traiãez de paix on met ordinairemēt
ceſte clauſe, que les Princes alliez ne
receuront point les ſubiets l'vn de
l'autre ſi, ceux qui ſe veulent refugier
n'ont le conſentement de leur Souuerain. Ce qui eſtoit pratiqué par les peuples confederez de Rome, qui ſtipu-
loient expreſſement, que leurs bourgeois ne ſeroient point faits citoyens
Romains ſans leur permiſſion. Auſſi
nos Annaliſtes rapportent, que par
l'accord faiã entre ces deux Roys de

N

Fráce Gontran & Childebert, il fut dit
qu'aucun d'eux ne folliciteroit, & ne
retireroit par deuers foy les fubiects de
fon cópagnon. Vn femblable article fe
troue aux traittez d'alliance entre les
Roys de Fráce & les Suyffes: car la grá-
deur des Princes confifte principalement en la multitude des vaffaux & fu-
iects, & partát ne faut permettre qu'ils
fe desbandent, & changent de domici-
le felon leur volonté : encore moins
leur doit-on permettre cefte liberté,
quand ils ont defobligé leur Souuerain
par quelque mefcháceté ou defferuice.
Au demeurant, nous cherchons vne
paix, qui ne foit point fourree, ny
pour durer trois iours, mais qui foit
volontaire, égale, & permanente: vne
paix qui rende à vn chacun ce qui luy
appartient, le priuilege au citoyen,
l'hofpitalité à l'eftranger, & à tous indifferemment la liberté de voyage &
negotiation . Car les Lacedemoniens auoient tort de chaffer les eftrá-
gers de leur ville. La couftume des
Leucaniens eft bié plus honnefte, qui
condamnoient à l'amende cèlui qui
auoit le foir refufé fon logis à vn

pelerin. Les Atheniens, Candiots, Romains, & tous les braues peuples ont
esté hospitaliers, recognoissans que
l'homme est vn animal de societé, qui
doit accommoder ses voisins de ce
qu'il a, & reciproquement aussi receuoir d'eux vne pareille courtoisie.

Or d'autant que le commerce & có-
munication des peuples s'entretiét par
le moyen de la mónoye, qui va de part
&d'autre, il est besoin de regler le prix,
le poids, & la loy d'icelle, auec resolution de ne rien innouer en ces choses,
pour quelque pretexte que ce soit: car
s'il y a de l'incertitude au cours ou en
la qualité de la monnoye, les contracts
feront incertains, & personne ne sera
iamais asseuré de ce qu'il aura. Le Prince ne doit alterer à só plaisir le pied d'v
ne mesme mónoye, autremét il feroit
tort aux autres, & ne trouueroit aucú
qui voulut traiter auec luy. Or en cecy
il y a deux abus, qui font conioints, as-
çauoir l'affoiblissement & changemét
de prix de la monnoye. Et tout ce mal
vient du meslange de ces 3. metaux, or,
argét, & cuiure, pource que depuis qu'ó
les a meslé és ouurages d'orfeurés &

ſtatuaires, on a faict le meſme auſſi és
mónoyes:en quoy les vns ont eſté plus
religieux que les autres & ont moins
alteré & ſophiſtiqué l'or & l'argent, en
faiſant tous les deux de plus haute loy
que leurs voiſins.Dont il ne ſe faut pas
eſtonner, attendu qu'en vn meſme
pays la loy ſe change. Car on ſçait que
les ſolds qui ont cours maintenant en
France n'approchent pas de la bonté
de ceux du temps de ſainct Loys ,&
ceux de ce temps n'ont pas la loy des
quarts d'eſcu & pieces devingt ſols.Ce
qui cauſe le rehauſſement des fortes
monnoyes,leſquelles ſont attirees fi-
nement par les marchands eſtrangers
&regnicoles ,qui les refondent pour
en faire d'autres plus foibles, & les
bailler en payement au peuple, qui reçoit du billon pour bon argent, ne ſça-
chant diſcerner l'vn d'auec l'autre.Puis
il eſt tout eſtonné de voir ſon billon
deſcrié, & les pieces de bonne miſe ſi
hauſſees pour la rareté d'icelles, que
celuy qui penſoit auoir en ſa bour-
ſe la quatrieſme partie d'vn eſcu, n'en
a pas la vingtieſme. Cecy apporte plus
de preiudice aux François qu'aux au-

tres nations. Car fi au lieu d'augmenter
ils rabaiffoient le prix de l'or & de l'argent, les eftrangers qui ont ces deux
metaux à commandement feroient
contrainⅆs d'en apporter en ce royaume, pour achepter bien cherement les
marchandifes dont ils ne fe peuuent
paffer, comme bleds, vins, fel, & pa-
ftel. Mais elles ne leur couftēt gueres,
pource que leur or eft trop eftimé parmy nous, & d'auantage pour faire
mieux leur profit, ils nous apportent
des perles, des foyes, des parfums, &
autres bagatelles qu'ils nous donnent
en côtr'efcháge des chofes neceffaires,
ou les vendent au poids de l'or. Nous
auons veu le marc d'or encheri de trente huiⅽt liures en l'efpace de douze ans
en pleine paix, & à compter depuis
l'annee mil cinq cens foixante & dix-
fept iufques à mil fix cēs deux il a hauf-
fé de cinquante fix liures fix folds &
demy. Ie fçay que la neceffité des affaires peut couurir cefte faute, commé
du regne de Charles feptiefme l'an mil
quatre cens vingt deux, le marc d'or
s'expofa pour deux mil huiⅽt cens quarante fept liures, & l'efcu vallut iuf-

ques à quarante liures : & le marc d'argent s'expofa pour trois cens foixante
liures. Mais le malheur du temps cau-
foit vn tel defordre, lequel eftant ceffé
on remift ces metaux à leur eftimatió
ordinaire, chacun recognoiffant que
l'augmentation de leur prix eftoit la
diminution des richeffes tãt en general, qu'é particulier. Car celuy qui auoit
prefté cent efcus d'or au mois d'Aouft
mil fix cens deux, s'il a eu patience
iufques à l'an mil fix cens quatorze, il
n'en reçoit que quatrevingt en femblables efpeces, à caufe du rehauffement. Il eft vray qu'il n'y a point d'intereft, pourueu que le rehauffement
tienne, qu'il foit femblable par tout, &
que les marchandifes n'en deuiennent
point plus cheres, comme il arriue ordinairement. Iaçoit qu'vn certain perfonnage aye fouftenu par vn liure pu-
blié, fur ce fubiect, qu'il y a beaucoup à
perdre fur vne piece d'or & d'argent,
encore qu'on la mette pour le mefme prix qu'on l'a receuë. Ce qu'il
prouue en cefte façon. *Le Bourgeois*
qui du temps du Roy Iean auoit trente
fix liures de rente fonciere ou conftituee,

pour payement de ſadiᴄᴛe rente auoit tren-
te ſix francs d'or à pied ou à cheual , à
raiſon de vingt ſolds piece qu'ils valoient
lors, ou monnoye d'argent à l'equipollent.
Pour leſquels trente ſix francs d'or , il
pouuoit auoir neuf muids de vin à rai-
ſon de quatre liures dudit temps , qui
eſtoient quatre francs d'or valans dou-
ze liures de preſent. Si ce Bourgeois eſt
maintenant payé de ſadiᴄᴛe rente en ladi-
ᴄᴛe monnoye de francs d'or, il n'en rece-
ura que douze , valans à raiſon de ſoi-
xante ſols piece , comme ils ſe mettent
à preſent , ladiᴄᴛe ſomme de trente ſix
liures : pour leſquels douze francs d'or il
n'aura pour le iourd'huy , que trois muids
de vin , à raiſon de douze liures que
chaque muid vaut à preſent , au lieu
que lors il en auoit neuf muids. Il
perd donc ſix muids de vin ſur ces dou-
ze francs d'or , encore qu'il les ait mis
pour le meſme prix de ſoixante ſolds, qu'il
les a receus. Le gentilhomme ou autre de
quelque eſtat qu'il ſoit qui au tẽps de S. Loys
auoit ſeize liures de cens ou rente , pour luy
payer ceſte rente , on luy bailloit cinq
marcs d'argent fin , ou monnoye d'or à
l'equipollent. Car au marc d'argent fin n'y

auoit lors que la quantité de soixante quatre
picces appellees solds ou gros tournois. Maintenant pour lay payer ceste rente , on ne luy
baille qu'vn marc d'argent fin , qui n'est que
la cinquiesme partie de l'argent contenu aux
premieres seize liures.　En ce temps là on
auoit pour seize liures seize aulnes de drap à
raison de vingt solds l'aulne , aussi bon ou
meilleur que celuy qui à present couste cent
solds tournois. Maintenant pour seize liures
on n'a que trois aulnes vn cinquiesme de
drap à cent sols l'aulne, au lieu qu'on en auoit
seize le temps passé, qui est perte de douze
aulnes, quatre cinquiesmes de drap sur seize
liures, combien qu'on aye mis chacune liure
pour pareil prix de vingt sols qu'elle a esté re-
cenë. Si nous le prenons au sold ou douzain,
nous trouuerons le semblable.　Car pour dix
sols que le gentilhomme receuoit anciennement de ses rentes ou censiues , contenant autant d'argent fin que les cinquante de maintenant , il pouuoit auoir cinq chappons, à raison de deux sols piece. Maintenant pour dix
sols il n'a qu'vn chappon, qui est perte sur dix
sols de quatre chappös, combien qu'il aye mis
lesdits sols pour douze deniers chacun, qui est
le mesme prix qu'il les a receus. C'est la de-
monstration dudit sieur, laquelle il ad-

iouſte à vn autre Paradoxe, à ſçauoir, que rien n'eſt encheri en France depuis trois cens ans. *On ne ſe peut plaindre, dit-il, qu' vne choſe ſoit encherie depuis trois cēs ans, ſinon que pour l'achepter il faille auiourd'huy bailler plus d'or ou d'argēt, que le temps paſſé. Or eſt-il que pour l'achept de toutes choſes on ne baille point maintenant plus d'or n'y d'argēt qu'on y bailloit alors: car du temps de Philippe de Valois qui commença à regner l'an mil trois cens vingt huiēt l'aulne de velours couſtoit quatre eſcus auſſi bons voire meilleurs en poix & valeur que nos eſcus au ſoleil de maintenant, & chaque eſcu ne valoit que vingt ſols monnoye d'argent, auiourd'huy que l'eſcu vaut cinquante ſolds & que l'aulne de velours eſt vēduë dix liures, neantmoins pour payer ces dix liures, il ne faut que ladiēte ſomme de quatre eſcus à raiſon de cinquante ſols piece, comme ils ſont par l'ordonnance, ou monnoye d'argent à la valeur. Donques l'aulne de velours n'eſt point plus chere qu'elle eſtoit alors.* Voila ſa raiſon, mais elle eſt ſophiſtique, & n'a que l'apparēce, car ſa premiere propoſition laquelle il ſuppoſe comme indubitable, & que Bodin meſmes luy accorde inconſiderement, eſt fauſſe. D'autant que les

chofes ne' s'acheptent feulement par
or & argent, mais par le cuiure, qui fait
vne troifiefme efpece de monnoye de
moindre valeur, & neantmoins qui regle le prix de toutes les autres. comme
l'affe d'airain mefuroit à Rome le fefterce, & le denier, & autres plus groffes monnoyes, pource qu'vn fefterce
valoit deux affes & demy, vn denier
d'argent en valoit dix, & cefte derniere
monnoye eftant hauffee, elle fut efti-
mee feize affes : car en faict de poids,
mefures, & monnoyes, ce qui eft le
plus petit eft la reigle du plus grand.
Cela eftant, ie dis que la bonté des
monnoyes ne gift qu'en leur eftimation, de maniere que celle-cy eftant
augmentee, leur bonté pareillement
s'augmente, & par confequent l'efcu
d'or quand il ne vaut que vingt folds,
c'eft à dire deux cens quaráte deniers,
n'eft pas fi bon que lors qu'il vaut foixante folds, ou fept cens vingt deniers, pource que fa valeur fe doit
mefurer aux petites monnoyes, &
l'or & l'argent ne valent qu'autát qu'il
plaift au Prince & au peuple, tellement
qu'en Lacedemone lors que la mon-

noye de fer fut en vfage ces deux metaux eſtoient ſuperflus,& auiourd'huy
en Ethiopie où la monnoye de ſel a
cours,l'or eſt inutile,pour le commerce,& l'airain dont nous parlons eſtoit
plus precieux que l'or parmy certains
peuples orientaux ſelon le rapport de
Ioſephe. C'eſt donc mal conclu de dire que le velours ne couſte pas plus
cher que iadis, pource qu'on ne baille
que quatre eſcus en or comme on faiſoit il y a trois cens ans: car ces eſcus
qu'on baille maintenant , quand bien
ce ſeroient les meſmes eſpeces du
temps paſſé ,ſont de meilleure miſe ,
& de plus haut prix qu'ils n'eſtoient,
attendu qu'ils valent d'auantage de
menuë monnoye. Et ſi les ſolds d'argent fin que fit forger ſainct Louys,
eſtoient encore en eſtre , ils vaudroient trois ou quatre fois plus
qu'ils ne valoient en leur commencement , pour ce qu'alors ils ne ſe
mettoient que pour douze deniers, &
maintenant d'vn de ces ſolds là, on en
feroit trois ou quatre, qui vaudroient
autant chacun. Comme lors que
les Romains diminuerent les poids

de leur affé, en luy gardant fon eftimation accouftumee,& que d'vn ils en firent fix, ceux qui auoient le vieil affe
pefât vne liure,eftoiët plus riches cinq
fois qu'auparauant, & s'ils deuoient
quatre affes, ils ne pouuoient fans fe
faire tort les rendre en mefme efpece à
leurs creanciers,& ceux-cy ne les pouuoient receuoir fans vfure, à caufe du
prix que nouuellement le peuple leur
auoit baillé, lequel prix eft la vraye &
effentielle bonté de la mônoye. D'où
nous pouuons inferer l'abfurdité de la
premiere propofition du mefme autheur, quand il dit, que celuy qui auoit
de rente trente fix francs d'or ne les reçoit pas auiourd'huy. Car encore qu'il
ne les reçoiue en matiere, il les reçoit
en eftimation, qui eft equiualête. Que
fi pour douze efcus, il ne peut auoir
comme autresfois neuf muids de vin,
cela neuient pas de l'augmentation du
prix de l'or, attendu qu'il ne s'enfuit
pas neceffairement que les marchandifes encheriffent pour le rehauffemêt
des monnoyes. Il y a bien d'autres caufes d'encheriffement. à fçauoir, le luxe,
l'abondance d'or & d'argent, & les

monopoles. Au ſurplus ledit perſonnage s'embaraſſe en ſes côceptions:car
d'vn coſté il nie l'encheriſſement, &
d'ailleurs il en dône des exemples, qui
eſt vne manifeſte contradiction. Ce
que i'ay voulu repreſenter en paſſant,
pour ſuppleer le deſaut de Bodin, qui
n'a pas donné la ſolution de ces raiſons,& s'eſt contenté de les mettre en
auant, ſans y reſpondre directement.
Ie confeſſe toutesfois que le ſurhauſ-
ſement des monnoyes eſt preiudiciable pour les raiſons ſuſdictes, & qu'il
eſt neceſſaire que lesPrinces d'vn commun conſentement reduiſent les monnoyes à vn meſme pied,afinque chacun
puiſſe côtracter par tout ſans dômage.
Surquoy on a donné pluſieurs aduis
qui meriteroient d'eſtre pratiquez.
Premierement on conſeille de donner
en tout pays vn meſme prix au marc
d'or, & d'eualüer douze liures d'argêt
à vne liure d'or. Laquelle proportion
a eſté anciennement, & eſt encore ou
à peu prés gardee en la plus grande
partie du monde,de façon qu'vn Roy
des Indes du temps d'Auguſte s'emer-
ueilla de voir que ſes ſubiects s'accor-
doiêt en ceſte police auec lesRomains,

Secondement on eſt d'aduis de deffendre le billon, comme ont deſia faict
quelques Roys, pource qu'il donne
occaſion de falſifier ou affoiblir les
monnoyes,& d'auantage il n'eſt iamais
eſgal, de maniere que les hommes qui
entendent le pair, amaſſent le plus
qu'ils peuuent de bonnes monnoyes
pour en faire de pires à leur profit & à
la perte incroyable du peuple:ce qu'ils
ne feroient pas,ſi les monnoyes eſtoiēt
d'or & argent pur: car quand vn metail
ſimple eſt ſuppoſé pour vn autre, la
couleur,le poids,le volume, le ſon, &
autres proprietez deſcouurent facilemēt la tromperie, mais il eſt mal aiſé de
cognoiſtre la qualité & valeur du billõ
qui eſt ſi diuerſe & inegale. Occaſion
pourquoy il eſt expedient de defendre
generalement le meſlage des metaux,
& particulierement aux monnoyeurs,
ioyauliers, & orfeures, ſur peine de la
vie, afin que tous leurs ouurages ſoiēt
de metaux ſimples, & que les fraudes
qui s'y pourroiēt cōmetrre ſoiēt aiſees
à deſcouurir. Toutesfois pource qu'il
eſt impoſſible, d'affiner l'or & l'argent parfaictement, ſans deſchet, &

grande defpence, on doit fuiuant les
anciennes ordonnances de ce Royaume mettre l'or en ouurage & en monnoye à vingt & trois carats, & l'argẽt
à vnze deniers douze grains de fin. Ce
faifant la proportiõ fera gardee de l'or
à l'argẽt, attẽdu que la mixtion en l'vn
& l'autre fera efgale, tellement qu'en
tous ouurages d'or, ou d'argent il n'y
aura que la vingt quatriefme partie
d'autre metail, & ainfi on changera sãs
aucune perte l'or auec l'argẽt, en pre-
nãt douze liures d'argẽt pour vne liure
d'or fuiuant la precedẽte police, pource que l'vn & l'autre feront efgalle-
ment affinez. Car de faire ces deux
metaux plus foibles, comme on fait
auiourd'huy, c'eft donner beau ieu
aux trompeurs pour falfifier les monnoyes. Et n'eft pas moins dangereux
de permettre qu'ils foient d'vne loy
inegale en diuerfes prouinces, d'autãt
que les plus fortes monnoyes qui ont
cours en vn pays, font recueilliés fine-
mẽt par les bons mefnagers qui les cõ-
uertiffent en pieces plus foibles qui sõt
de mife en vn autre pays, & fouuentesfois les orfeures & affineurs en fõtleurs.

ouurages, afin d'auoir par deuers eux
toute la pureté de l'or & de l'argent;
le billon demeurant au peuple. Ces
deux inconueniés sont assez cogneus,
notamment le premier. Pource que les
reaux de Castille à cause de leur bonté
ont esté conuertis par plusieurs Souuerains en monnoyes de leurs pays, &
en cela ils ont fait vn grand profit. Les
Suisses en ont fait de mesme des testõs
de France, dont ils ont forgé des testõs
à leur pied, qui estoient plus foibles de
loy & de poids que les nostres. Car les
Princes ne se contentent d'affoiblir la
loy de leurs monnoyes, ils diminuent
aussi le poids d'icelles, sans rien amoin-
drir de leur estimation. L'escu sold
qui iadis pesoit quatre deniers, fut reduict sous le regne de François premier à deux deniers seize grains, &
sous Charles neufiesme fut encore di-
minué de son poids. Les autres souuerains n'ont pas esté plus conscientieux
pour ce regard, attendu que les escus
d'Hespagne sous Charles cinquiesme
furent affoiblis de trois grains: & à son
exemple il en fut forgé en toutes les
Seigneuries d'Italie, qui n'auoient que
deux

deux deniers seize grains de poids, &
vingt deux carats de fin au plus. Et
ne faut doubter que tant plus on ira
en auant, la necessité des guerres, le luxe, & la prodigalité ne contraignent les
Princes d'affoiblir de plus en plus les
monnoyes s'ils ne s'accordent entre
eux d'en forger à mesme loy & à mesme poids. Quant à la loy, il est aysé de
l'establir esgale suiuant ce qui a esté dit.
Pour le poids il y a plus de difficulté, à
cause de la diuersité d'iceluy, qui est
telle, que malaysément on peut trouuer deux monarchies qui se seruent
d'vn semblable poids, & mesmes en
vn seul Royaume, comme en France
on voit beaucoup de villes dont les
poids ont vne difference notable : principalement la liure de monnoye & or-
feurie qu'on appelle marc d'or ou d'argent. Car encore que ce marc contienne par tout huict onces, il est pourtant
fort diuersifié, pource que les onces
sont plus fortes en vn lieu qu'en vn
autre : comme à Geneue sept onces en
valent presque huict de celles de Paris;
Et au contraire il ne faut gueres plus
de cinq onces Parisiennes, pour peser

O

autant que le marc de Piedmont, Mi-
lan & Gennes. Ce qui apporte vne
grande incommodité au trafic,& donne occafion aux marchands rufez,d'af-
fronter les eftrangers en leur faifant
accroire ce qu'ils veulent du poids dôt
ils ne fçauent la valeur. Et quelque
preuoyance qu'apportent les Roys,
ils ne pourront iamais empefcher les
pipeurs d'achepter au poids fort,& de
vendre au poids foible, tandis qu'vne
telle diuerfité aura lieu dans l'enclos de
leur eftat,ou de celuy de leurs voifins
& autres auec lefquels ils ont cômerce.
C'eft pourquoy il eft befoin qu'ils cô-
fentent tous à vn reglement general,
par lequel non feulement l'or & l'argent, mais auffi les marchandifes foiêt
venduës à vn poids efgal en tout pays.
Ce qui ne fera mal ayfé à faire, la nature en cecy nous feruant de guide, les
œuures de laquelle à fçauoir les grains
feruent pour regler les poids & les mefures. Quant à celles-cy,anciennemêt
on prenoit la lieuë pour deux milles,
le mille pour huiĉt ftades,le ftade pour
centvingtcinq pas,le pas pour 5.pieds,
le pied pour quatre palmes, le palme

pour quatre doigts, & vn doigt pour
quatre grains. En matiere de poids on
vient pareillement au grain, comme à
la regle de tous les autres. Le marc
contient huict onces, l'once vaut huict
drachmes ou gros, qui valent autant
que vingt quatre deniers, chaque
gros valât trois deniers, & le denier peze vingt quatre grains. Laquelle regle
est auiourd'huy gardee en plusieurs
Royaumes, & l'estoit iadis en Grece,
comme veritablement elle est fort
propre à la negotiation. Ainsi l'once
peze cinq cens soixante & seize grains,
le marc quatre mil six cens huict, & la
liure marchande en peze vne fois autant. Sans doubte si ce reglemêt estoit
receu par tous les peuples, le commerce seroit bien plus facile. Toutesfois il
y a vne chose qui semble empescher
ou diminuer son vtilité, assçauoir la
difference des grains en la pesanteur;
d'autant qu'il y en a qui pesent plus
en vn lieu qu'en l'autre, au moy-
en dequoy on ne peut égaler les
marcs & les onces des pays differens, puisque leur mesure est chan-
geante & inégale, si ce n'est que

O ij

tous les Souuerains s'accordent de
mesurer tous leurs poids selon les
grains d'vn certain païs tel qu'ils choi-
siront d'vn commun consentement,
afin que le qualibre & pesanteur du
grain estant stable, les autres poids qui
s'y rapportent, ayent aussi vne certitude qui ne puisse estre reuoquee en doute : Que si chaque Souuerain veut auoir
son poids à part, ou pour tenir sa grandeur, ou pour la difficulté qu'il y a de
le changer, en ce cas il faudra estimer
le marc d'or & d'argent selon sa pesanteur. Car estans reduicts à vne mesme
loy, à sçauoir l'or à vingt trois carats,
l'argent à onze deniers douze grains
de fin, comme nous auons dit, & en
outre gardant la proportion duodecu-
ple entre ces metaux, suiuant l'ancienne coustume, il ne restera plus que de
considerer leur quantité, & de leur dóner le prix & proportion d'icelle, en
telle sorte que le marc qui aura ses quatre mil six cés huict grains plus pesans
qu'vn autre, sera aussi plus prisé selon
l'excez de sa pesanteur. Mais d'autant
que cest excez ne peut estre liquidé sinon par vne mesure commune, il est

plus à propos de pratiquer le reglemēt
cy deſſus mētionné. Car on fera touſiours accroire à vn eſtranger que ſon
poids n'eſt pas meilleur que celuy du
pays où il trafique,encore qu'il excede
d'vne once ou de plus, que s'il con-
teſte, il trouuera vne infinité de teſ-
moins contre luy, & faudra faire de
deux choſes l'vne, ou ſe laiſſer trōper,
ou retourner en ſa maiſon ſans rien fai-
re.Ce qui eſt capable de rōpre le cours
du trafic, lequel ne ſe peut bien entretenir que par l'egalité des poids & me-
ſures. Encore celles-cy ne ſont pas ſi
neceſſaires,& quelques peuples ne s'en
ſeruent point,comme les Chinois, qui
ont accouſtumé de peſer tout, meſmes
le linge, eſtimans que les tromperies
ſont plus faciles,& ordinaires aux me-
ſures, dequoy il ne faut nullemēt dou-
ter, pourueu qu'il n'y ait qu'vne ſorte
de poids:ou s'il y en a pluſieurs,à tout
le moins que leur difference ſoit publiee & leur proportion recogneuē,
afin d'euiter les ſupercheries,qui autrement ſeroient ineuitables. Et le reglement doibt auoir lieu notamment au
poids de l'or & de l'argent,ou les frau-

des font d'autāt plus à craindre qu'elles
font lucratiues. Ie dis dōc pour retourner propos , qu'on doit affeurer non
feulemēt la loy, mais auſſi le poids des
mōnoyes,& à ceſt effect limiter le nō-
bre des pieces qui feront faictes en vn
marc d'or ou d'argēt, de mefme poids
nom & valeur. Et de ces monnoyes
égales on en pourra faire huict, feize,
trente deux,& foixāte quatre pieces au
marc,ou plus s'il eſt befoing,les multi-
pliant par proportion, en telle maniere toutesfois que leur petiteſſe ne leur
cauſe vne trop grande fragilité. Par
ce moyen les plus groſſes monnoyes
dont les huict feront le marc , peſeront chacune vne once, les feize , de-
mÿ once , les trente deux aurōt deux
gros de poids , & les foixante quatre
peſeront chacune vn gros. Alors le
change de l'or en argent fera bien ayſé
non feulement en maſſe & hors d'œuure, mais en mōnoye. Car pour vne
piece d'or on en baillera douze d'argēt
de mefme poids. Lequel reglemēt aura lieu tant parmy les compatriotes
que parmy les eſtrangers, dautant que
le piéd des monnoyes eſtant par tout

égal, il ne restera aucun subiect de les
rehausser en vn pays plus qu'en l'autre,
si ce n'est que les Princes veulent troubler cest ordre pour les droicts de sei-
gneuriage traicte & brassage, qu'ils pré-
nent sur les mónoyes forgees en leurs
terres: ce qu'ils ne doiuēt faire qu'auec
toute moderation, & ne point tát son-
ger à leur profit particulier, qu'au general, à leur reputation, & à l'exemple
des autres Souuerains, auec lesquels ils
se dóiuēt pareillemēt accorder pour le
reglement de tels droicts. Apres cela,
pour obuier aux falsifications & ron-
gneures des mónoyes, il sera expediēt
de les faire au moule, à la façon des anciennes medalles, pource que le moule
feroit toutes les pieces qui auroient
mesme nom & valeur, égales en largeur
grosseur, poids & rotondité, lesquelles
choses le faux monnoyeur ne pourroit si bien contrefaire que son impo-
sture ne fut descouuerte, d'autant que
le cuiure qu'il supposeroit au lieu d'or
ou d'argent, est de plus grand volume
en poids esgal, que ces deux metaux,
estant beaucoup plus leger, & ainsi vn
escu faux seroit aysé à recognoistre

en le confrontant auec vn autre qui
feroit de bonne mife. Maintenant on a
des moulins à forger monnoyes qui
peuuent bien feruir à ceft effet, dont le
premier fut dreffé à Paris dés l'an mil
cinq cens, ~~tant~~ cinquante trois. Quoy
que plufieurs n'en approuuent point
l'vfage, fi eft-ce qu'il peut apporter
plus de profit que d'inconueniunt, &
on a veu fort peu de pieces au moulin
falfifiees, ou rongnees, les fauffaires
craignans d'eftre defcouuers par le
moyen que nous venons de reprefen-
ter, c'eft à dire par la confrontation de
la monnoye fauffe auec la legitime
pour le regard du volume & du poids.
Car les pieces de mefme tiltre & loy
fe feront toufiours efgales au moulin
qui efcache, au coupoir qui coupe, &
à la preffe qui ferre toufiours egalemét
ce qui ne fe peut faire au marteau, n'e-
ftant pas conduit ny manié par forces
ou mefures femblables. Cefte inegalité
fert de pretexte aux faux monnoyeurs
& rongneurs, qui ne craignent rien tát
que de voir les monnoyes reduictes à
vne egalité de forme, poids, & volume, dautant que cela leur ofte tous

moyens de defguifer leur artifice. Et
pour les trauerfer encore dauantage,
il faudroit renouueller l'ordonnance
de Charlemagne, par laquelle il defen-
dit de forger monnoye ailleurs qu'en
fon Palais. Bien que fon empire fut de
grande eftenduë, neantmoins il ne de-
ftinoit qu'vn lieu à vn tel affaire. Auffi
en vne monarchie il fuffira de choifir
pour la forge des monnoyes vne ville
ou deux tout au plus, afin de retran-
cher les occafions de mal faire aux hômes cauteleux. Mais le principal remede c'eft d'abolir le billon, qui eft tóuf-
iours inegal & incertain, & partant
n'eft pas propre pour entretenir la
proportion de l'or à l'argent, ny pour
le change de ces metaux. Ce qu'on a
recogneu en France, lors qu'on affoi-
blit les douzains, dont les foixante
payoient l'efcu, iaçoit que leur fin ne
valuft pas cinquante trois folds. Pour
cette mefme confideration ie confeillerois auffi de defcrier la monnoye de
cuiure, pource qu'on a forgé n'ague-
res des doubles & deniers, qui ne
payoient pas la bonté de l'efcu, encore
qu'on en baillaft pour neuf liures quin-

ze folds, felon l'eftimation commune,
Qui eft vne perte incroyable pour le
menu peuple, & auffi pour les margui-
liers, mendians, & hofpitaux, qui ne re-
çoiuent autre chofe. Il vaudroit dõc
mieux pour l'accompliffemēt de cefte
police reduire toutes les monnoyes à
deux efpeces comme on a faiϛ en
quelques Royaumes , & d'vn marc
d'argent faire autant de petites pieces
qu'on pourroit , qui tiendroit la place
des doubles & deniers de cuiure, pour
s'en feruir pour les aumofnes, &achapt
des plus viles marchandifes. Il ne feroit
pas neceffaire de forger huiϛ mil pieces au marc à la façon de Lorraine. Ce
feroit affez d'en faire deux mil , afin
qu'elles fuffent plus fermes & plus ay-
fees à garder. Que fi on neveut bannir
la monnoye de cuiure, comme devray
il eft difficile de s'en paffer , pour le
moins qu'elle foit pure, & fans miftion
d'autre metail , & qu'on luy donne vn
prix permanent, non pas variable, comme il fut iadis en la ville de Rome,
où le denier d'argent qui felon l'opinion de plufieurs pefoit autant que

la drachme ou gros de noftre temps,
valoit dix affes, c'eſt à dire dix liures
d'airain, la liure alors eſtant de douze
onçes : tellement qu'vne liure d'argēt
en valoit neuf cens ſoixante d'airain,
& au bout de quelque temps on diminua tellement le poids de l'affe ,
que d'vn on en fit vingt quatre, du
poids de demi once chacun , qui
auoient la meſme eſtimation que
lors qu'ils peſoient vne liure. Et
toutesfois la moindre monnoye
doibt auoir vn prix arreſté , pource
que c'eſt la regle & meſure des autres. Il faut donc ou deffendre totalement l'vſage de cuiure pour la
monnoye , ou luy donner vn certain prix qui demeure à iamais , auſſi bien que celuy d'or & d'argent,
afin que chacun ſoit aſſeuré de ce qu'il
aura vallant. Or quant au billon, ie ſçay qu'on ne le peut deſcrier
ſans faire tort au peuple , qui per-
dra beaucoup ſi on reduiſt les monnoyes à la loy cy deſſus mentien-
nee : mais auſſi il ſera aſſeuré d'a-
uoir à l'aduenir de bonnes monnoyes,

& n'aura point occafion d'apprehender vn rehauffement ou defcry d'icelles, comme il arriue trop fouuent. Et
la perte qu'il peut fouffrir en cefte police ne fera iamais fi grande, que l'vtilité de la paix generale : ioinct que le
Monarque peut d'ailleurs recompenfer fon peuple & preuenir le mefcontentement caufé d'vne telle nouueau-
té, en rabbaiffant les tailles, & en faifant diftribuer gratuitement du bled
ou autres viures, aux plus neceffiteux,
afin qu'ils portent patiemment le def-
cri de leur billon, dont eux & leur pofterité receuront finalement le fruict.
En fomme il ne faut craindre d'entreprendre vne chofe qui eft neceffaire,
& facile à executer, pourueu que la
paix foit vniuerfelle. Mais pour bien
commencer ceft affaire, il faudroit
qu'vn puiffant Prince exhortaft tous
les autres à fuiure le reglement fufdict,
afin que les paffages eftans libres & le
cómerce eftant ouuert par le moyen
de la paix, on puiffe trafiquer par tout
fans dómage. Il n'y a perfonne qui foit
plus capable de cela que le Pape. C'eft
fon deuoir de moyenner vne concor-

de generale entre les Princes Chreftiens. Et pour le regard des Mahometans, qui font vne notable partie du du monde, le Roy de France pour le credit & reputation qu'il a parmy eux, pourra plus ayfement les faire condefcendre à la paix. Car l'Empereur, les Roys d'Hefpagne, de Pologne, de Perfe, & d'Æthiopie, feroiết peut-eſtre quelque difficulté d'enuoyer fur ce fubieἀt leurs Ambaffadeurs au grand Seigneur, & craindroient qu'on euſt opinion que la crainte qu'ils auroient de fa puiffance ne les contraignit de pourchaffer la paix. Laquelle confideration n'a point de lieu pour le regard de noſtre Roy, d'autant qu'il n'a point d'occafion de redouter l'Empereur des Turcs: voila pourquoy il peut honorablement entreprendre ceſt affaire, attendu mefme l'ancienne alliance qui eſt entre les deux Royaumes de France & Turquie. Quoy que ce foit, il eſt bien feant que les Chreſtiens parlent de la paix les premiers, quand ce ne feroit que pour auoir la liberté d'aller au fainἀt fepulchre, & eux eſtás d'accord auec le Turc pourront fans difficulté

obtenir auſſi la paix des autres Monarques, qui ne ſont aſſez forts pour re-
ſiſter à deux partis ſi puiſſans. Nous
liſons que l'Hermite Simonet Camer-
tin accorda François Sforce auec les
Venitiens. On a veu depuis quatre
vingts ans les deux plus grãds Princes
de la chreſtienté deux fois reconci-
liez par l'entremiſe d'vn ſimple Religieux : A plus forte raiſon nous de-
uons eſperer vne bonne paix, ſi les
Souuerains s'en meſlent. Dieu qui
manie le cœur des Roys les vueille
diſpoſer à vne ſi ſaincte entrepriſe,
afin de faire ceſſer tant de maux, &
de ramener ce beau ſiecle que les
anciens Theologiens promettent
apres la reuolution de ſix mille ans.
Car ils diſent qu'alors le monde viura
heureuſemẽt & en repos : Or eſt-il que
ce terme eſt tantoſt expiré, & quand il
il ne le ſeroit pas, il ne tiẽt qu'aux Princes de donner par aduance ceſte felicité à leurs peuples. Que voulons-nous
faire auec ces armes? Viurõs nous touſiours à la façon des beſtes ? Encore ſi
nous procedions en cecy d'vne pareille moderation. Car elles ne ſe battent

Iamais en troupe, & ne fe font point la
guerre finon lors que la faim les preffe
ou quelque autre neceffité les pouffe.
Les hommes forment vne querelle
pour peu de chofe, quelquesfois de
gayeté de cœur ils fe mettent en cãpa-
gne, non pour combattre feul à feul,
mais dix mille côtre dix mille, afin d'a-
uoir le paffe-temps de voir vn tas de
morts, & les ruiffeaux de fang humain
coulãs parmy la plaine. Reprefentons
no⁹ deux armees preftes à s'entrecho-
cquer, les regards furieux, les faces hi-
deufes des foldats, les menaces, les cris
barbares, qui fe font d'vne part & d'autre, accompagnez d'vn tónerre de ca-
nós: puis vne approche & mélee efpou-
uétable, vne boucherie d'hómes, les vns
defmébrez, les autres à demi morts qui
implorét la main de leurs compagnós,
& les coniurét de leur dóner vn coup
mortel ; afin d'abreger les tourmens
de leur miferable & languiffante vie:
Apres le carnage s'eft éd fur les perfó-
nes foibles: les vieillards sôt maffacrez,
les enfans tuez ou emmenez captifs,
les femmes violees, les temples pro-
fanez, tout eft à l'abádon, & rien ne fe

trouue affeuré que l'iniuftice. Et tout cela eft ordinairement fuiuy de deux autres maux, famine & pefte. Car le labourage ceffant à l'occafion de la guerre, le peuple n'a dequoy s'alimenter, & eft contraint de manger indifferemment toute forte de viandes, bonnes & mauuaifes, lefquelles au lieu de feruir de nourriture engendrent des humeurs corrompuës, d'où s'enfuiuent les dyffenteries, & maladies contagieufes. Helas qu'Heraclite auoit raifon de deplorer l'aueuglement de l'homme qui fe caufe luy-mefme tant de miferes! Miferes qui rendent fa condition pire que celle des beftes, de forte qu'il ne fe faut point eftonner fi Gryllus, apres auoir efté metamorphofé en pourceau, aymoit mieux demeurer en tel eftat, que de retourner en fa premiere figure. Auffi le fage Plotin eftoit hôteux d'eftre homme, & ne vouloit iamais parler de fes parens ny de fa naiffance. Et auiourd'huy qui faict que nous voyós tant de Timons & d'hommes folitaires? Si nous difons que ce font des hypocondriaques, ils pourront dire à
bon

bon droi&, que nous les faifons deuenir tels. Les mefchancetez, vilenies, &
cruautez qu'ils voyent tous les jours,
font capables de leur faire hayr le móde, & faudroit eftre infenfible pour
ne s'en efmouuoir. Or quand il n'y
auroit autre confideration que la brie-
ueté de noftre vie, & la certitude de la
mort, qui nous menace à tous momés,
nous deurions auoir honte de nous
tant tourmenter pour vn honneur
imaginaire, & ferions mieux d'imiter
les Ægyptiens qui apportoient vn
Skelet ou quelque autre reprefentation de mort au milieu d'vn banquet,
afin de cóuier les affiftans à fe refiouyr
& faire bonne chere tandis qu'ils en
auoient l'occafion. Mais il faut vifer
plus haut & confiderer qu'il y a vn
Dieu qui punit les pechez des hómes,
fur tout l'arrogance & la cruauté: quittons ces deux vices, & les guerres cefferont. Nous remettrons l'efpee au
fourreau quand nous aurons penféà la
vanité des opinions, qui nous font
prendre les armes. Laiffons adorer les
glaiues aux Scythes : Pluftoft imitons
les Effeens qui n'auoient entre eux

aucun armurier : ou bien ces anciens
peuples de Catay, qui ne sçauoient que
c'estoit de tuer ny de malfaire. Quant
à moy ie ne puis en cecy apporter
que des vœux & humbles remonstran-
ces, qui seront peut-estre inutiles. I'en
ay voulu neātmoins laisser çe tesmoi-
gnage à la posterité. S'il ne sert de rien,
patience. C'est peu de chose, de perdre
du papier, & des paroles. Ie protesteray
en ce cas comme Solon d'auoir dit &
faict ce qui m'a esté possible pour le
bien public, & quelques vns qui liront
ce petit liure, m'en sçauront gré, &
m'honoreront comme i'espere de leur
souuenance.

F I N.

Fautes suruenuës à l'Impression.
Pap. 13. tous subiects. lisez ses subiects.
Pag. 16. ont la façon. lisez à la façon.
Pag. 106. Gaulois. lisez Gantois.

TABLE DES MATIERES
contenuës en ce liure.

A

Q

Q ij

H

I

Q iiij

TABLE